문제해결과 컴퓨팅 사고를 위한

파이썬

국립중앙도서관 출판시도서목록(CIP)

문제해결과 컴퓨팅 사고를 위한 파이썬 / 저자: 천인국. --
고양 : INFINITYBOOKS, 2017
p. ; cm

ISBN 979-11-85578-33-0 93000 : ₩12000

컴퓨터 프로그래밍[computer programming]
파이썬[Python]

005.133-KDC6
005.133-DDC23 CIP2017021347

문제해결과 컴퓨팅 사고를 위한

파이썬

천인국 지음

INFINITY BOOKS

머리말

컴퓨팅 사고(Computational Thinking)는 자넷 윙 교수가 2006년에 컴퓨터 학술지에서 언급한 이후로 컴퓨터 교육 분야에서 상당한 이슈가 되고 있는 용어이다. 컴퓨팅 사고는 복잡한 문제를 분해하여 문제 안에 내재된 패턴을 찾고 추상화 단계를 거쳐서 문제를 해결하는 알고리즘을 작성하는 과정이다. 작성된 알고리즘은 사람이 수행하거나 컴퓨터를 이용하여 자동화될 수 있다.

이 책은 컴퓨팅 사고와 파이썬을 동시에 학습할 수 있도록 기획되었다. 파이썬은 여러 프로그래밍 언어 중에서 입문자가 가장 쉽게 사용할 수 있는 언어이다. 파이썬은 컴퓨터를 전공하지 않은 학생들도 쉽게 사용할 수 있다. 컴퓨팅 사고는 흥미로운 실습 예제가 많이 필요하다. 이 책에서는 최대한 많은 실습 예제를 간추려서 파이썬으로 실습할 수 있도록 하였다. 파이썬은 다양한 애니메이션이나 가상 실습을 만들 수 있는 최적의 도구이다. 학생들은 파이썬을 통하여 컴퓨터 프로그래밍의 기본적인 개념들과 컴퓨팅 사고에서 나타나는 다양한 실습을 수행할 수 있을 것이다.

이 책이 만들어지기까지 많은 도움이 있었다. 이 책에 대하여 적극적으로 지원해주시고 교정을 봐주신 채희만 사장님과 안성일 이사님께 감사드린다. 책이 나올 때마다 오류를 바로 잡아주시고 격려해주시는 모든 분들께도 깊이 감사드린다. 아무쪼록 많은 이들이 이 책을 통하여 자신의 문제를 컴퓨터를 이용하여 창의적으로 해결할 수 있다면 필자에게는 큰 보람이 될 것이다.

2017년 8월

저자 천인국

차례

CHAPTER

01

PYTHON WORKBOOK

기초사항

이번 장에서는 다음과 같은 내용을 학습합니다.

▶ 파이썬의 특징을 살펴본다.

▶ 파이썬을 설치한다.

▶ 첫 번째 파이썬 프로그램을 작성해본다.

학습목차

이번 장에서 학습할 내용

이번 장에서는 파이썬를 설치하고 파이썬을 사용하여 첫 번째 프로그램을 작성해 보자.

1. 화면에 “Hello World!”를 출력해보자.

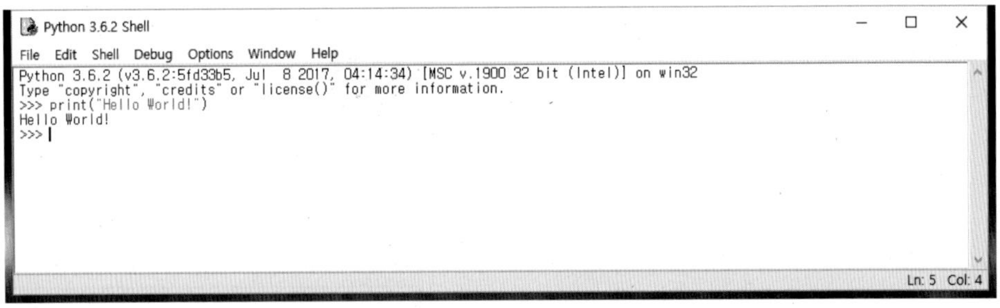

2. 화씨온도 90를 섭씨온도로 변환하는 프로그램을 작성해보자.

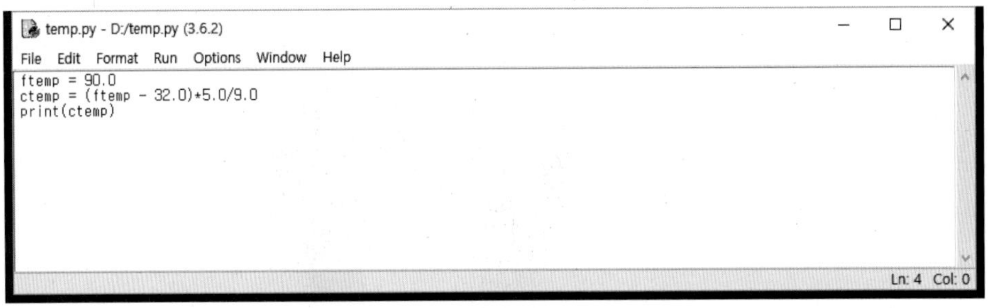

02 프로그램과 프로그래밍 언어

컴퓨터는 아직까지 스스로 생각할 수 없기 때문에(알파고를 제외하고는), 컴퓨터에 일을 시키려면 인간이 컴퓨터에게 자세한 명령어(instruction)들의 리스트를 주어야 한다. 이것을 프로그램(program)이라고 한다. 프로그램은 컴퓨터의 하드웨어 장치들이 수행할 명령어를 적어놓은 문서와 같다.

그림 1-1 프로그램은 명령어들이 적힌 작업 지시서라고 할 수 있다.

프로그램은 컴퓨터에게 해야 할 작업의 내용을 알려주는 문서와도 같다고 했다. 그렇다면 어떤 언어를 사용해야만 컴퓨터가 작업 지시를 이해할 수 있을까? 앞에서 컴퓨터는 사실 프로그래머가 시키는 대로만 하는 단순한 기계라고 하였으니, 사람의 언어를 이해할 것 같지는 않다. 즉 한국어나 영어 등으로 작업을 기술한다면 컴퓨터는 전혀 이해할 수 없을 것이다.

컴퓨터가 알아듣는 언어는 한가지이다. 즉 0과 1로 구성되어 있는 “00110111 0001010...”과 같은 이진수이다. 컴퓨터는 이진수의 개념위에 만들어진 기계이다. 컴퓨터는 모든 것을 0과 1로 표현하고 0과 1에 의하여 내부 스위치 회로들이 ON/OFF(켜짐/꺼짐) 상태로 변경되면서 작업을 한다. 즉 0이면 회로를 끄고 1이면 회로를 켠다. 이진수 형태의 언어를 기계어(machine language)라고 한다. 이러한 기계어는 컴퓨터가 가장 좋아하는 언어이다. 실제로 초기의 컴퓨터에서는 이러한 기계어를 사용하여 프로그램을 했었다.

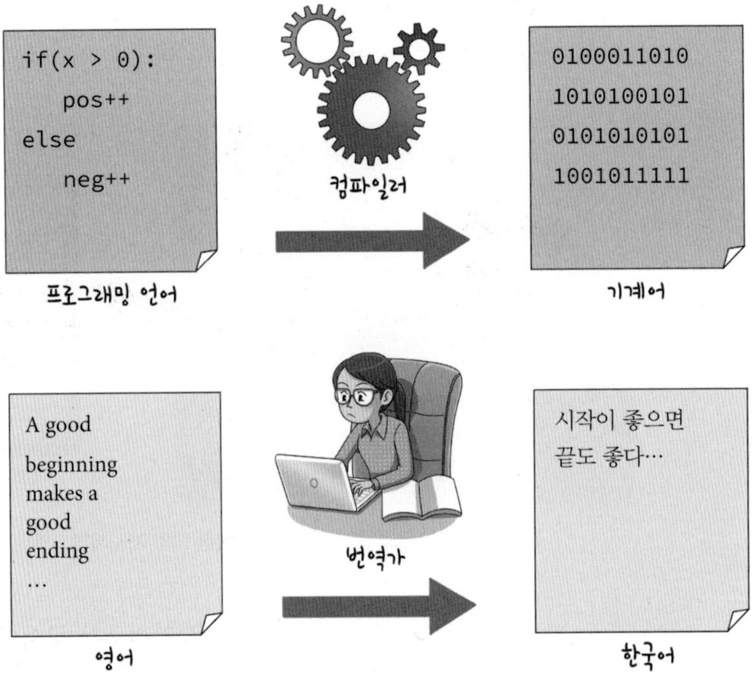

그림 1-2 컴파일러는 프로그래밍 언어로 작성된 프로그램을 기계어로 변환한다.

그러나 기계어는 인간한테는 상당히 불편한 언어이었기 때문에 좀 더 편리한 언어가 필요했고, 사람들은 점차적으로 인간의 언어에 더욱 근접한 프로그래밍 언어들을 만들었다. 이들 프로그래밍 언어들은 기계어와 인간이 사용하는 자연어 중간쯤에 위치한다. 인간이 프로그래밍 언어를 배워서 프로그램을 작성하면 컴파일러(compiler)라고 하는 통역을 담당하는 소프트웨어가 프로그램을 기계어로 바꾸어 준다. 이것은 영어를 말하는 사람과 한국어를 말하는 사람이 중간에 통역을 두고 이야기하는 것과 비슷하다. 인간은 기계어를 학습하기에는 너무 힘들고 컴퓨터가 인간의 언어를 이해한다는 것은 아주 먼 미래의 이야기이다. 따라서 중간에 통역의 역할을 하는 프로그래밍 언어를 두고 작업을 지시하는 것이다. 파이썬도 이러한 프로그래밍 언어의 일종이다.

Section

03 파이썬이란?

파이썬(Python)은 1991년에 귀도 반 로섬(Guido van Rossum)이 개발한 대화형 프로그래밍 언어이다. 파이썬이라는 이름은 귀도가 좋아하는 BBC 방송의 코미디 "Monty Python's Flying Circus"에서 따온 것이다. 귀도는 파이썬 이름이 징그러운 파충류와는 전혀 관계가 없다는 점을 강조하고 있다.

파이썬은 범용 프로그래밍 언어이다. 최근에 파이썬이 전 세계적으로 각광을 받는 이유는 무엇일까? 가장 큰 이유는 파이썬의 생산성이 뛰어나기 때문이다. 파이썬을 이용하게 되면 간결하면서도 효율적인 프로그램을 빠르게 작성할 수 있다. 개발자들은 다른 언어로 20줄짜리 프로그램을 파이썬으로는 단 한 줄로 작성했다고 증언하고 있다.

파이썬은 무엇보다도 초보자한테 좋은 언어이다. 그 이유는 파이썬이 **인터프리터 언어**(interpreted language)이기 때문이다. 파이썬에서는 프로그래머가 한 줄의 문장을 입력하고 엔터키를 치면 인터프리터(해석기)가 이것을 해석해서 바로 실행한다. 파이썬은 실행 전에 컴파일할 필요가 없다(다른 언어는 실행하기 전에 컴퓨터가 이해할 수 있는 기계어로 컴파일하는 과정이 필요하다). 파이썬 프로그래머는 자신이 작성한 문장의 결과를 즉시 볼 수 있기 때문에 초보 프로그래머한테는 아주 바람직하다.

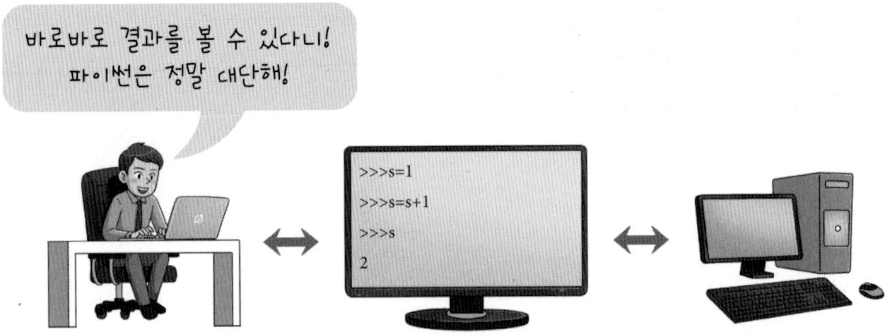

또 파이썬은 문법이 쉬워서 코드를 보면 직관적으로 알 수 있는 부분이 많다. 아주 대표적인 예를 들어보자. 우리는 아직 파이썬을 학습하지 않았지만 다음과 같은 코드가 무엇을 하는지 이해할 수도 있다.

```
if "사과" in ["딸기", "바나나", "포도", "사과"]:
    print("사과가 있습니다")
```

위의 코드를 우리말로 바꾼다면 '만약 "사과"가 "딸기, 바나나, 포도, 사과" 중에 있으면 "사과가 있습니다"를 출력한다.'가 된다. 물론 코드를 읽을 때, 파이썬의 문법을 알아야 하지만 다른 프로그래밍 언어와 비교했을 때 파이썬은 인간이 사용하는 언어와 유사하여 읽기 쉽다.

파이썬은 다양한 플랫폼에서 사용할 수 있고, 라이브러리가 풍부하여 여러 산업계에서 이용이 증가하고 있다. 무엇보다도 파이썬을 이용하면 재미있는 프로그램을 쉽게 작성할 수 있다. 애니메이션이나 그래픽을 쉽게 사용할 수 있어서 게임을 작성할 때도 아주 좋다.

Section

04 파이썬 설치하기

이제 파이썬을 설치하고 간단한 소스를 작성해서 실행해보자. 파이썬은 아주 다양한 환경에서 개발할 수 있다. 윈도우, 유닉스, 리눅스, 매킨토시에서 개발이 가능하다. 이 책에서는 윈도우 10에서 파이썬을 개발하는 것으로 가정하였다. 파이썬은 설치도 비교적 간단하다. 파이썬을 설치하려면 http://www.python.org/에 접속하여 Download 메뉴에서 "Python 3.6.2"를 선택한다.

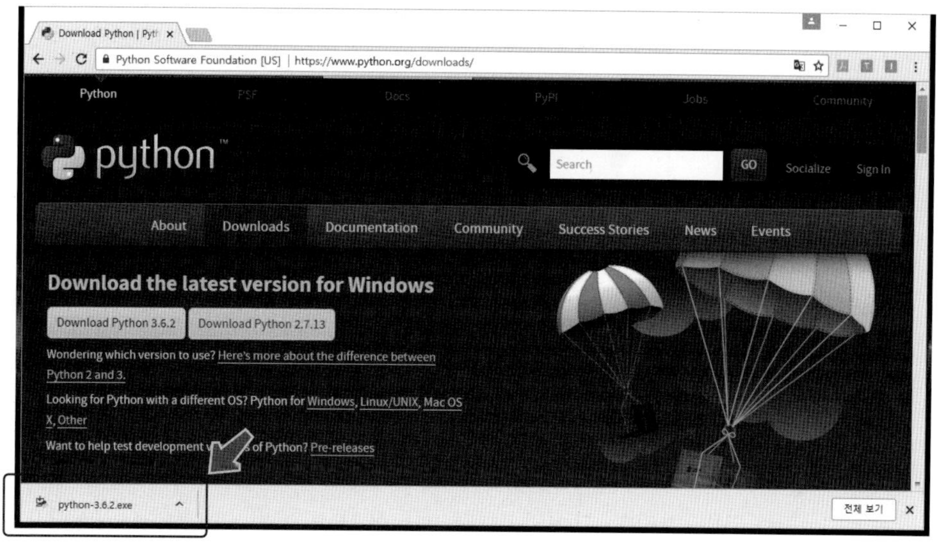

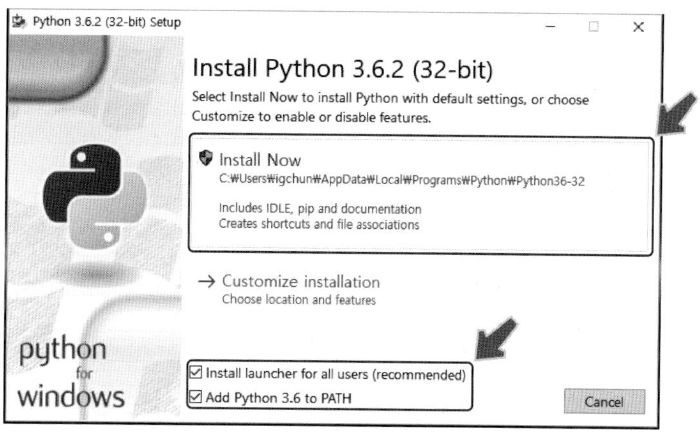

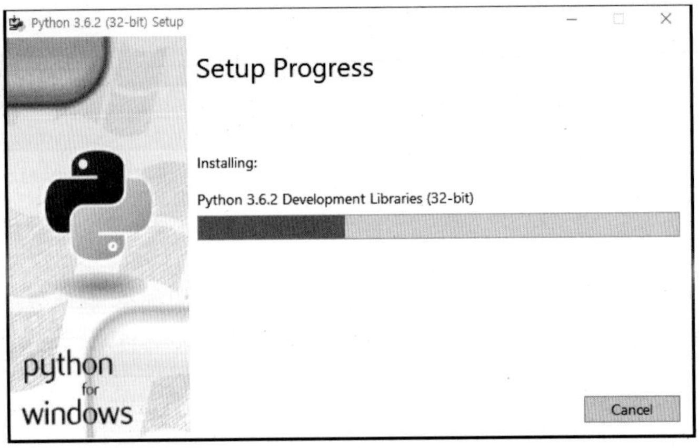

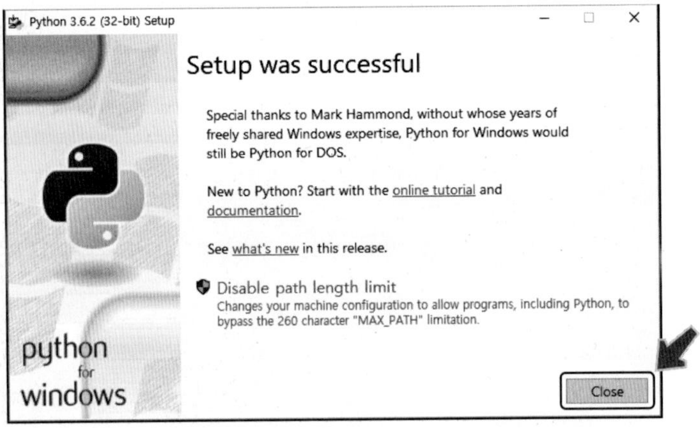

파이썬이 설치되면 시작 메뉴에 "파이썬" 항목이 생성된다. 실습할 때마다 시작 메뉴에서 파이썬을 찾아서 실행하여도 되지만 작업 표시줄에 아이콘으로 만들어두면 편리할 것이다. 시작 메뉴에서 파이썬 IDLE(integrated Development Environment)을 찾아서 마우스 오른쪽 버튼을 누르고 "작업 표시줄에 고정"를 선택한다. 아니면 바탕 화면에 아이콘으로 만들어두자.

참고사항

파이썬을 처음 학습할 때 우리가 결정해야 하는 중요한 문제가 있다. "어떤 버전의 파이썬을 써야 할 것인가?"이다.

파이썬에는 2.x와 3.x 버전이 있다. 문제는 이들 버전들이 전혀 호환되지 않는다는 점이다. 2.x 버전 프로그램은 3.x 버전 인터프리터에서 실행되지 않는다. 따라서 개발자들은 어떤 버전을 사용해서 개발할 것인지를 미리 결정하여야 한다!

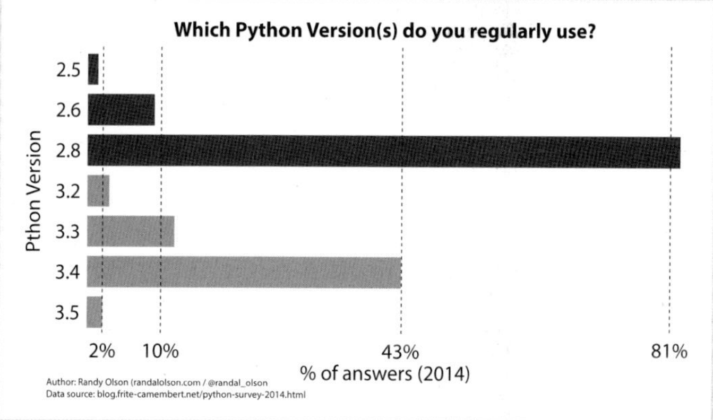

파이썬 2.x 버전은 전통적인 파이썬 버전이었다. 2.7 버전은 2010년에 발표되었으며 2.x 버전의 마지막 버전으로 알려져 있다. 버전 2.x와 호환성을 가지면서 파이썬을 발전시키기 불가능하다고 판단한 개발자들은 2008년에 파이썬 3.0을 발표하였다. 파이썬 3.x 버전은 2.x 버전과 호환되지 않는다. 예를 들어서 개발자들이 많이 사용하는 print가 3.x 버전에서는 print() 함수가 되었다.

일반적으로 이전에 개발된 많은 라이브러리들을 사용하려면 2.x 버전을 사용하는 것이 좋다고 한다. 하지만 미래를 대비하는 파이썬 개발자라면 3.x 버전을 사용해야할 것이다. 이 책에서는 3.x 버전을 사용한다.

참고사항

파이썬의 버전은 계속하여 업그레이드되고 있다. 따라서 3. 다음에 붙는 숫자는 신경 안 써도 된다.

05 첫 번째 프로그램 작성

지금부터 파이썬을 실행하여서 본격적으로 프로그래밍을 해보자. 이 책에서는 사용하기 편리한 IDLE를 사용하기로 하자. 운영체제는 윈도우 10이라고 가정한다. 아래와 같은 순서로 첫 번째 프로그램을 작성해보자.

1. [시작] 버튼 ⊞을 누르고 [Python 3.6] 폴더 아래의 [IDLE (Python 3.6 32-bit)]를 선택한다.
2. 아래와 같은 화면이 등장할 것이다.

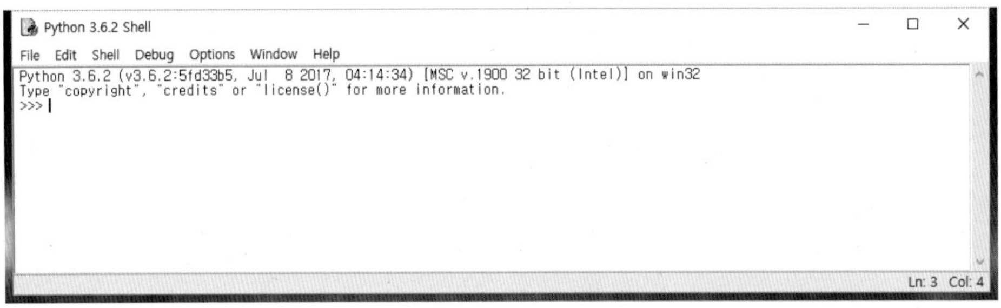

이것을 파이썬 쉘(python shell)이라고 부른다. 파이썬 쉘에서는 한 번에 하나의 명령어가 실행되고 실행 결과가 즉시 화면에 나타난다. >>>은 프롬프트라고 불리고 여기에 우리가 명령어를 입력하고 엔터키를 누르면 명령어가 실행되고 실행 결과가 화면에 출력된다.

3. 개발자들이 가장 먼저 작성하는 프로그램이 있다. 바로 화면에 "Hello World!"를 출력하여서 첫인사를 하는 것이 전통이다. 다음과 같이 명령어를 입력하고 키보드의 엔터키를 눌러보자.

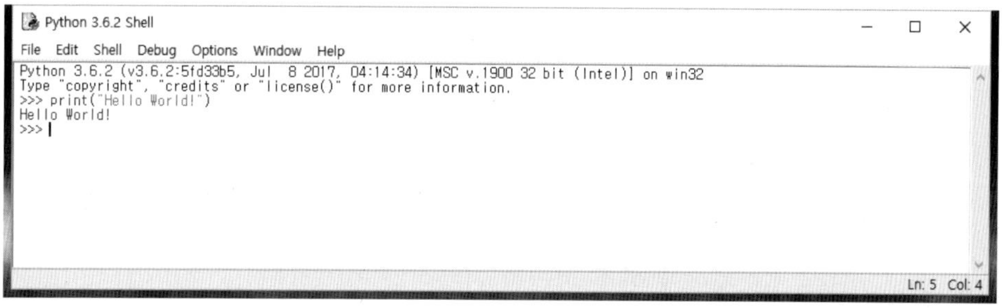

따옴표 ("...")를 틀리지 않게 입력하여야 한다. 컴퓨터는 한글자만 틀려도 실행하지 못한다. 위와 같은 실행 결과가 나오면 올바르게 실행된 것이다. 컴퓨터는 여러분의 명령어를 실행한 후에 결과를 내보내고 다음 명령어를 받을 준비가 되었다는 것을 알리기 위하여 >>>을 하나 더 출력한다.

print()는 따옴표 안의 글자들을 화면에 표시하는 함수이다. 함수(function)는 여러 개의 명령어를 묶어 놓은 것이다. 우리는 방금 print()를 이용하여서 글자들을 화면에 표시하라고 컴퓨터에 지시한 것이다.

4. 파이썬은 한글도 출력할 수 있을까? 한글로 된 인사말을 출력하는 명령어를 입력하고 엔터키를 눌러보자.

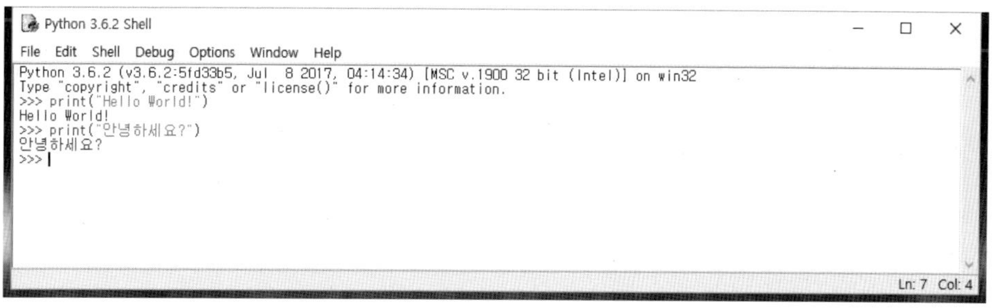

한글도 올바르게 출력이 된다. 여러분은 이제부터 공식적인 프로그래머가 되었다. 아직 많은 내용을 학습해야 하지만 시작이 절반이라고 하지 않은가?

5. 지금부터 무엇을 하면 좋을까? 컴퓨터는 기본적으로 계산하는 기계이다. 덧셈, 뺄셈, 곱셈, 나눗셈을 컴퓨터를 이용하여서 실행하여 보자.

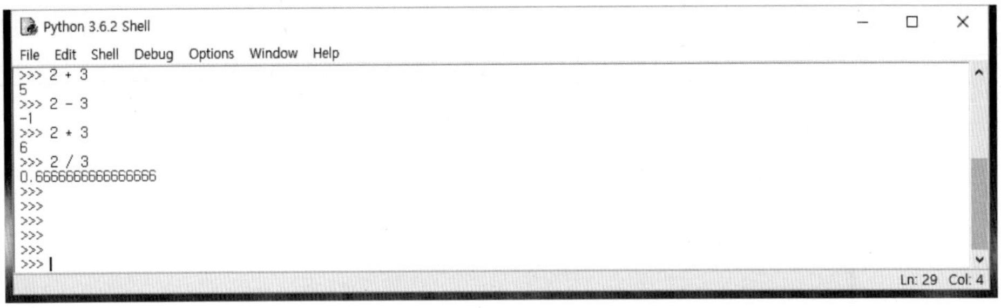

파이썬에서 곱셈을 나타내는 기호는 *이다. 이렇게 한 줄씩 입력하여 엔터키를 눌러서 실행하는 모드를 인터프리트 모드(interpret mode)라고 한다. 인터프리트 모드는 초보자에게 아주 편리한 기능이다. 이 책에서도 초반에는 인터프리트 모드로 여러 가지 프로그램을 소개할 것이다.

경고

프로그램에서 한글자만 잘못되어도 실행할 수 없다. 예를 들어서 여러분이 위의 짧은 문장에서 따옴표 하나를 생략한다면 다음과 같은 오류가 발생한다.

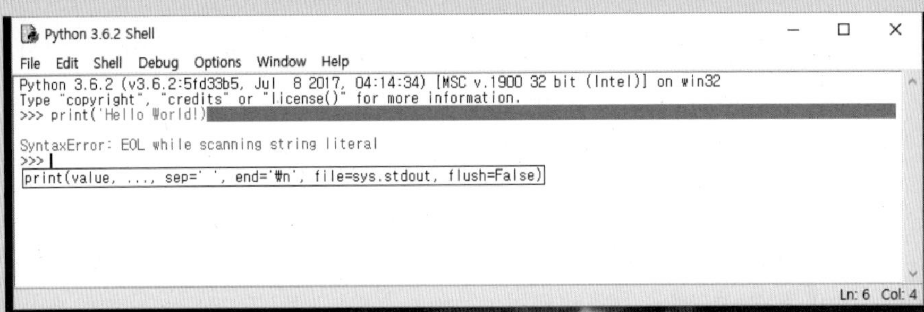

인간은 따옴표 하나가 생략되었다고 금방 알아차릴 수 있지만 컴퓨터는 이런 능력이 없다. 또 프로그램은 정교해야 하므로 컴퓨터가 아무렇게나 추측하여 진행할 수는 없는 것이다.

06 첫 번째 프로그램 분석하기

여기서는 앞에서 입력하여 실행한 문장들을 분석해볼 것이다. 이절의 내용이 이해되지 않아도 상관없다. 이절에 등장하는 용어와 개념을 되풀이하여 설명될 것이다.

파이썬 프로그램은 여러 줄의 명령어로 이루어진다. 한 줄의 명령어를 **문장**(statement)라고 부른다. 문장들은 파이썬 컴파일러에 의하여 번역되거나 아니면 파이썬 인터프리터에 의하여 실행된다.

우리가 처음으로 입력한 문장은 다음과 같았다.

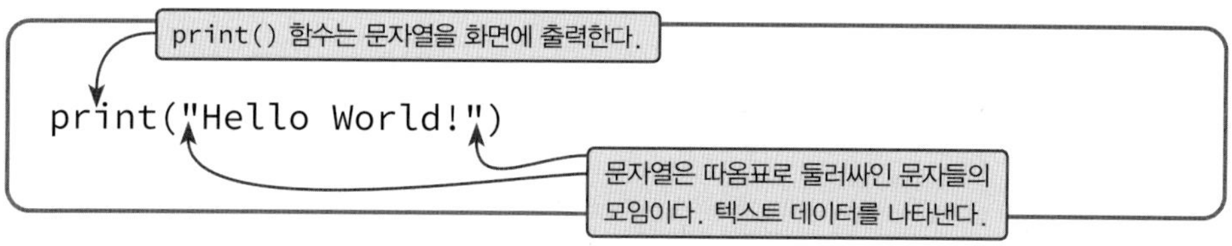

이 문장은 “Hello World!”을 화면에 출력한다. 이 문장에서 우리는 print()라는 이름의 함수를 호출하게 된다. **함수**(function)는 특별한 작업을 수행하는 명령어들의 모임이다. print() 함수는 파이썬 언어에 의하여 기본적으로 제공되는 함수로 텍스트를 화면에 출력하는 작업을 한다.

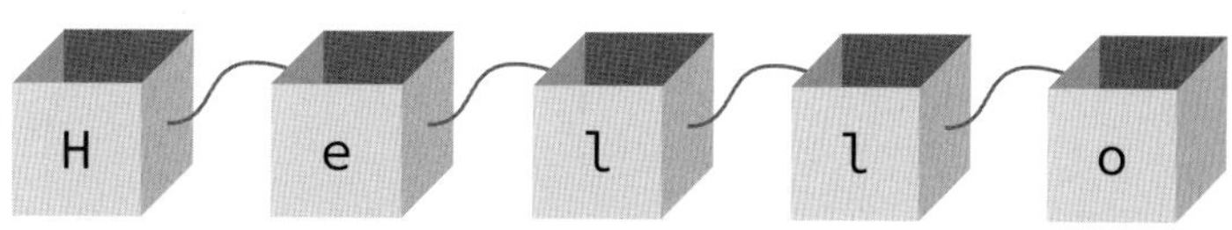

큰따옴표(”...”)나 작은따옴표(‘...’) 안에 들어 있는 문자들은 **문자열**(string)이라고 불린다. 문자들이 실(string)로 묶여 있는 모습을 상상하면 된다.

문자들을 따옴표 안에 표시하는 이유는 텍스트를 함수나 또는 변수(아직 학습하지 않았다)와 구분하기 위해서이다. 우리가 Hello라고 쓰면 파이썬은 이것을 함수나 변수라고 생각한다. “Hello”라고 적어야 텍스트라고 생각한다. 컴퓨터는 생각보다 그렇게 똑똑하지 않으며 아직도 혼동을 많이 한다.

만약 우리가 텍스트를 표시하는데 따옴표를 빠뜨리면 다음과 같은 오류가 발생한다.

```
>>> print(Hello World!)
SyntaxError: invalid syntax
```

print() 함수는 여러 개의 값들을 화면에 차례대로 출력하는 기능을 가지고 있다. 출력될 값들은 쉼표로 분리되어야 한다.

```
>>> print("결과값은", 2*7, "입니다.")
결과값은 14 입니다.
```

2*7은 2와 7을 곱하라는 의미이다. 출력되는 값들 사이에는 빈칸이 출력된다.

경고

문자열을 표기할 때, 다음와 같이 따옴표 하나를 생략해도 오류가 발생한다.

```
>>> print("Hello World!)

SyntaxError: EOL while scanning string literal
>>>
```

오류 메시지를 보면 문자열이 시작되었지만 문자열의 끝을 찾지 못했다는 오류임을 알 수 있다. 이러한 오류를 문법적인 오류라고 한다.

07 프로그램 저장했다가 다시 실행하기

앞 절과 같이 명령어를 한 줄씩 입력하여 실행하는 것은 초보 프로그래머한테 아주 편리한 기능이다(이것을 인터프리트 모드라고 한다). 한 줄의 명령어를 입력하여 실행하고 결과를 즉시 알 수 있으며 현재 상태를 언제든지 파악할 수 있다. 하지만 코드가 복잡해지면 한 줄씩 입력하여 실행하는 것은 아주 번거로운 일이다. 수천 줄의 코드로 이루어진 프로그램의 경우에는 한 줄씩 입력한 후에 실행하는 것은 거의 불가능하다. 어떻게 하면 좋을까?

if_turtle.py

```
import turtle
t=turtle.Pen()

while True:
    direction = input
        ("왼쪽=left, 오른쪽=right:")
    if direction == "left":
        t.left(60)
        t.forward(50)
    if direction == "right":
        t.right(60)
        t.forward(50)
```

이런 경우에는 텍스트 에디터를 이용하여 명령어들을 파일에 저장한 후에 파일을 읽어서 명령어들을 하나씩 실행하는 방법이 있다. 명령어들이 저장된 파일을 **소스 파일**(source file)이라고 한다. 소스 파일은 어떻게 작성할 수 있을까?

소스 파일은 단순한 텍스트 파일에 불과하다. 따라서 어떤 텍스트 에디터로도 작성이 가능하다. 예를 들어서 윈도우의 메모장을 사용하여도 된다. 파일의 이름은 어떤 것이라도 상관없지만 파일의 확장자는 상관이 있다. 파이썬 코드가 저장된 소스 파일의 확장자는 반드시 .py이어야 한다.

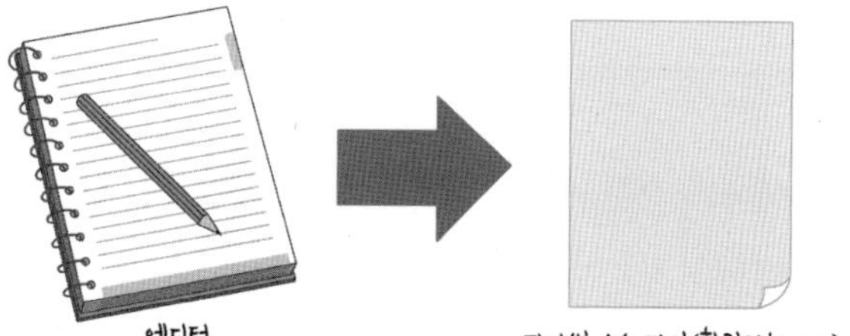

대부분의 개발자는 소스 코드 작성에 도움을 주는 기능이 있는 에디터를 사용한다. 많은 에디터가 있지만 우리는 IDLE에 포함된 에디터를 사용할 것이다. IDLE에는 소스 파일을 작성하여 저장하고 소스 파일을 읽어서 실행하는 기능이 포함되어 있다. IDLE는 통합 개발 환경(integrated Development Environment)의 약자이다. 통합 개발 환경이란 프로그램 개발에 필요한 도구들을 모아 놓은 것이다.

소스 파일은 사람이 읽을 수 있는 텍스트가 들어 있다. 텍스트 형태의 명령어는 컴퓨터가 직접 처리할 수 없다. 따라서 소스 파일을 컴퓨터가 실행할 수 있는 0과 1로 이루어진 기계어로 변환하는 작업이 필요하다. 이것은 파이썬 인터프리터가 담당한다. 소스 파일을 통째로 읽어서 기계어로 변환하는 기능도 인터프리터에 포함되어 있다. 이상의 내용을 정리하면 다음과 같다.

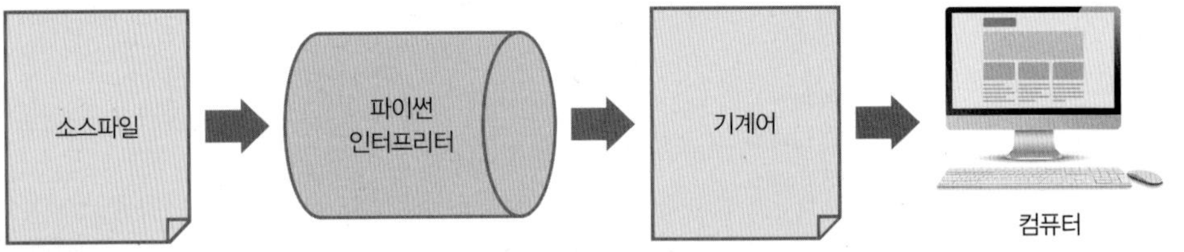

Step 1 : 새로운 소스 파일 생성하기

간단한 프로그램을 작성하고 이것을 소스 파일로 저장했다가 다시 불러서 실행해보자. IDLE를 실행하여 파이썬 쉘(python shell)이 나타나게 한다. 소스 파일을 만들기 위해서 파이썬 쉘의 메뉴 중에서 [File] → [New File]을 선택한다. 새로운 윈도우가 열린다. 이 윈도우에 우리는 프로그램 코드를 입력하여 저장할 수 있다.

우리나라에서는 온도를 나타낼 때 섭씨온도를 사용하지만 미국에서는 화씨온도를 사용한다. 화씨온도를 받아서 섭씨온도로 바꾸는 프로그램을 작성해보자.

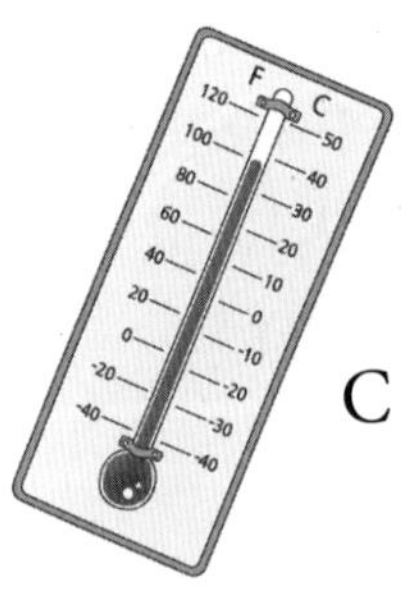

$$C = \left(F - 32\right) \times \frac{5}{9}$$

파이썬 쉘에서 [New File] 메뉴를 선택한 후에 생성되는 윈도우에 다음과 같은 코드를 입력해보자. 아직 코드를 이해하지 못해도 상관없다. 정확하게만 입력하면 된다.

```
ftemp = 90.0
ctemp = (ftemp-32.0)*5.0/9.0
print(ctemp)
```

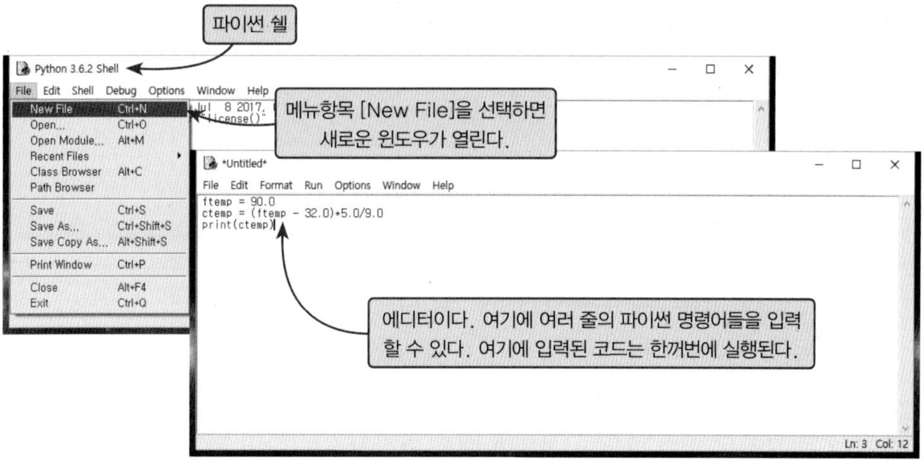

위의 코드를 파일로 저장하기 위하여 메뉴 [File] → [Save]를 선택한다. 파일 이름을 묻는 대화상자가 화면에 등장하면 "temp.py"이란 이름으로 적당한 폴더에 저장한다. 윈도우의 타이틀이 소스 파일의 이름으로 변경된다. 파이썬 프로그램을 확장자가 .py인 파일에 저장한다. 파일은 어떤 폴더에도 저장될 수 있다.

Step 2: 소스 파일 실행하기

이제 저장된 소스 파일을 실행하는 방법을 살펴보자. 위의 윈도우에서 메뉴 [Run] → [Run Module]을 선택한다. 파이썬에서는 소스 파일을 **모듈**(module)이라고 부른다.

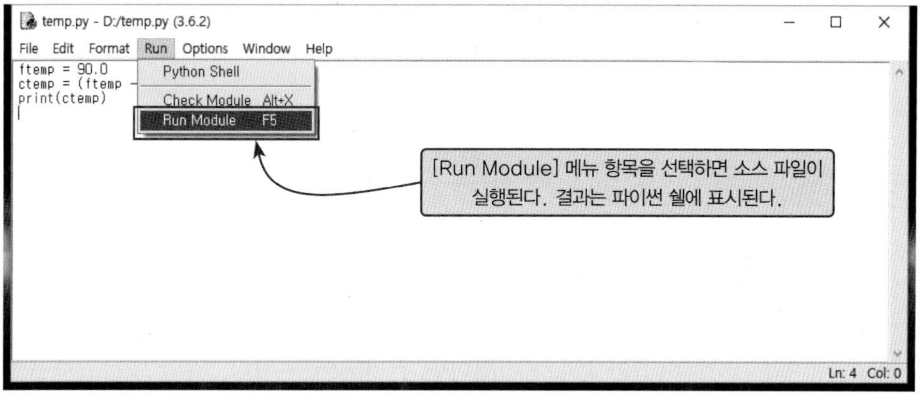

메뉴 [Run] → [Run Module]을 선택하면 파이썬 쉘이 파일 안의 명령어들을 실행

한 후에 다음과 같은 실행 결과를 보여줄 것이다.

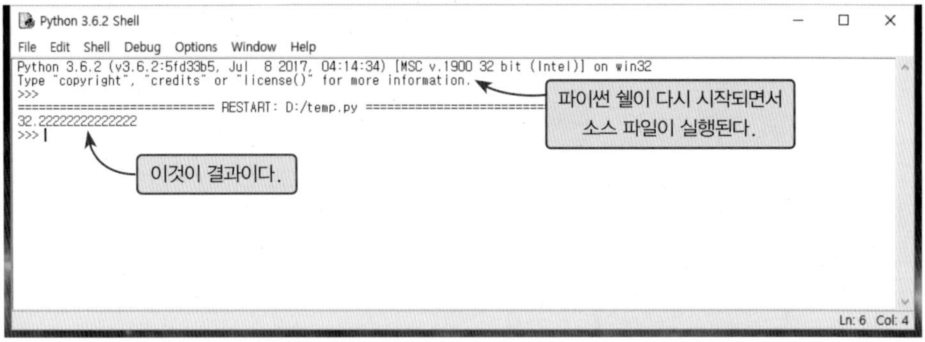

만약 인터넷에서 파이썬 코드를 다운로드하였다고 하자. 이것을 실행해보고 싶은 경우에는 IDLE의 메뉴 중에서 [File] → [Open]을 선택하여 다운로드된 파이썬 코드를 읽은 후에 메뉴 [Run] → [Run Module]을 선택하여 실행하면 된다. 이 책에 첨부된 소스 코드를 실행할 때도 마찬가지로 하면 된다.

축하한다! 여러분은 이제 복잡한 소스 코드도 입력하여서 실행할 수 있게 되었다. 일반적인 프로그램은 사용자로부터 데이터를 받아서 처리하고 처리된 결과를 출력한다. 우리의 온도 변환 프로그램에서도 화씨온도을 섭씨온도로 변환하고 변환된 섭씨온도를 화면에 출력하고 있다.

프로그램의 간단한 설명

앞에서 우리가 입력하여 실행한 프로그램에 대하여 대략적인 설명을 하여 보자. 만약 이 부분이 이해하기 어렵다면 건너뛰어도 된다. 위의 프로그램을 좀 더 자세히 설명해보면 다음과 같다.

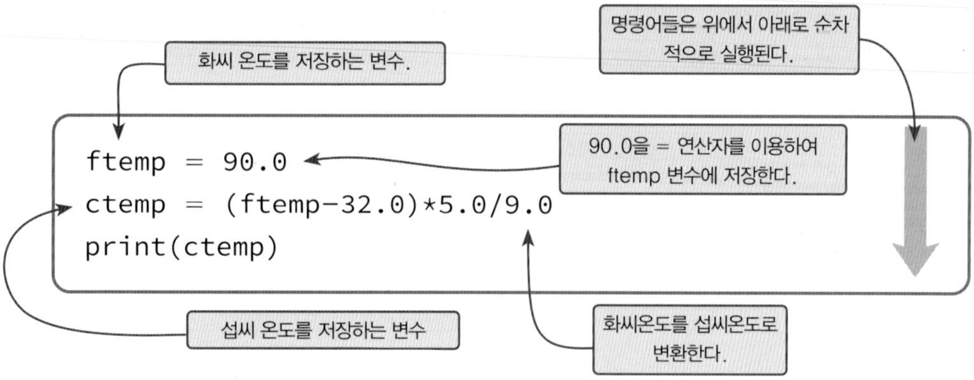

여러분은 아마 프로그램에 나오는 ftemp, ctemp가 무엇인지 궁금할 것이다. ftemp, ctemp는 화씨온도와 섭씨온도를 저장하는데 사용되는 **변수**(variable)이다. 변수는 컴퓨터의 메모리 안에 만들어지는 공간으로 우리는 여기에 숫자나 문자를 저장할 수 있다. 아래 그림에서 하나의 상자가 변수에 해당한다.

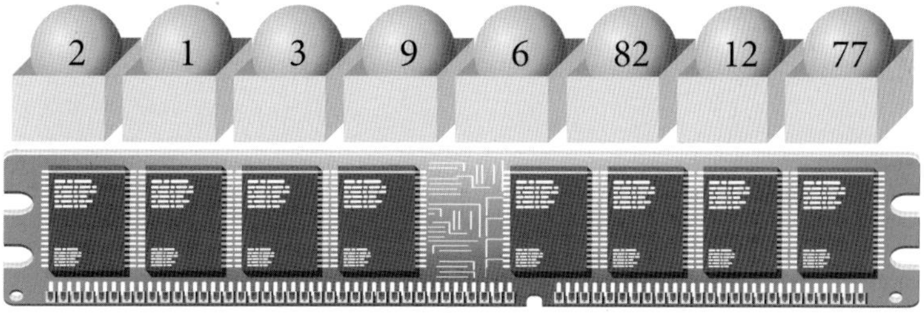

변수는 왜 필요할까? 프로그램은 컴퓨터 안에 여러 가지 값들을 저장하면서 처리를 하게 된다. 예를 들어서 사용자가 입력하는 숫자들의 합계를 출력하는 프로그램을 작성한다고 가정해보자. 우리는 사용자가 입력하는 숫자들을 저장할 공간이 필요하다. 또한 숫자들의 합을 저장하는 공간도 필요하다. 바로 이럴 경우에 변수가 필요하다. 컴퓨터는 메모리를 가지고 있고 여기다 저장하면 된다.

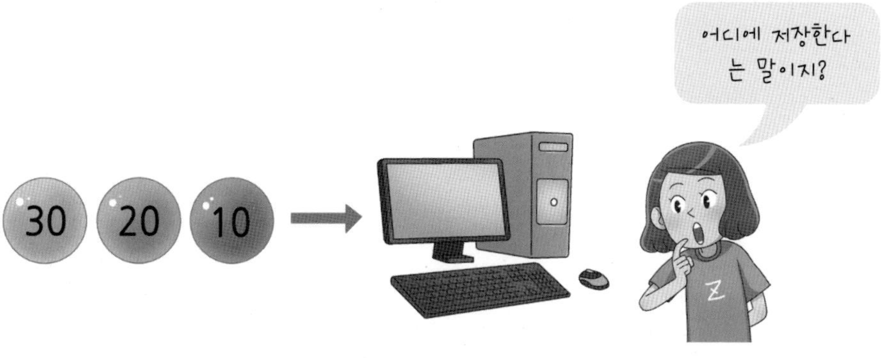

변수에 값을 저장할 때는 = 기호를 사용한다. 예를 들어서 ftemp 변수에 90.0을 입력하려면 다음과 같이 한다.

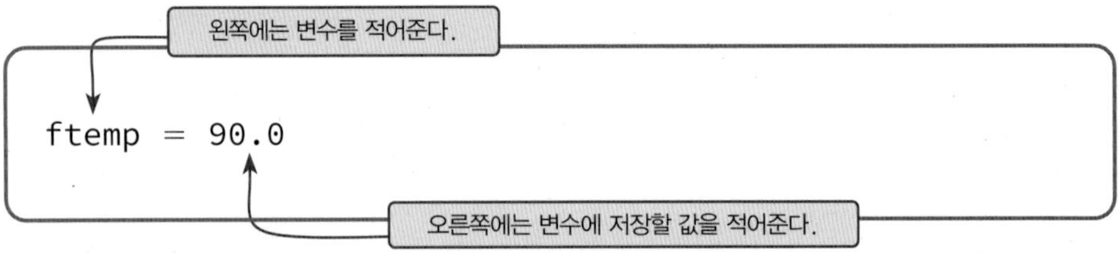

경고

컴퓨터에서는 = 기호가 수학에서처럼 같다는 의미로 사용되지 않는다. = 기호는 변수에 값을 저장하라는 의미이다. 같다는 것을 검사하려면 == 기호를 사용하여야 한다.

CHAPTER

02

PYTHON WORKBOOK

파이썬 기초사항

이번 장에서는 다음과 같은 내용을 학습합니다.

▶ 파이썬으로 기초적인 산술 계산을 해본다.

▶ 변수라는 개념을 소개한다.

▶ 2진수에 대하여 자세히 살펴본다.

학습목차

01 이번 장에서 학습할 내용

이번 장에서 우리가 사용하려고 하는 컴퓨터에 대하여 자세히 살펴본다. 컴퓨터는 하드웨어와 소프트웨어로 구성된다. 컴퓨터에서 프로그램은 명령어들의 집합이라 할 수 있다. 컴퓨터는 0과 1로만 이루어진 2진수를 사용한다. 비트(bit)는 2진수에서 하나의 자리수로서 0 아니면 1이다. 이번 장에서 학습할 내용은 다음과 같다.

1. 터틀 그래픽을 이용하여 사각형을 그려본다.

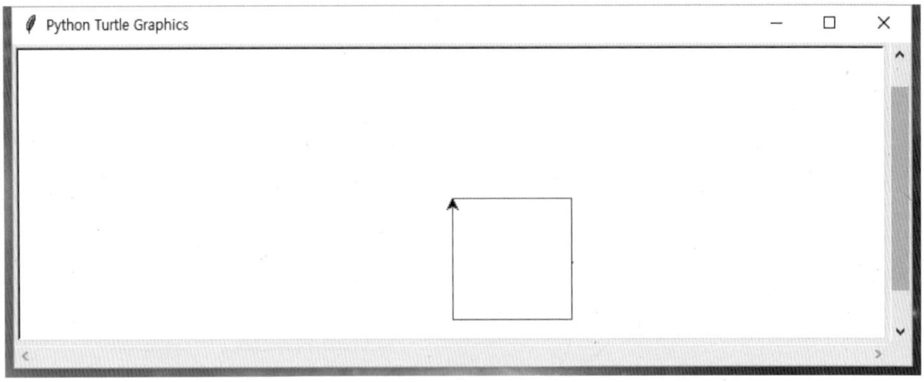

2. 컴퓨터의 기본인 2진수에 대하여 살펴본다.

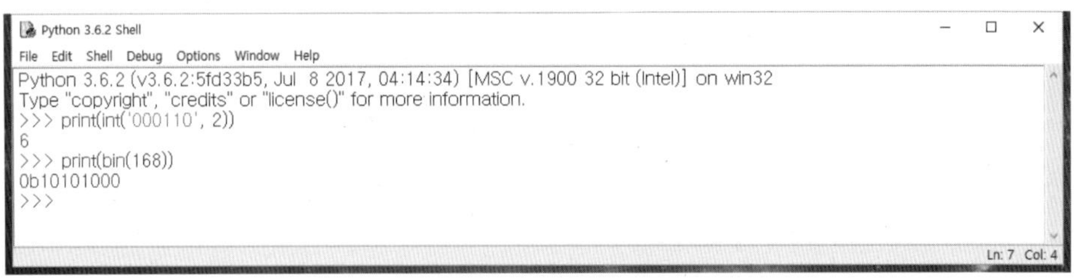

02 변수란?

변수(variable)는 프로그램에서 값을 저장하는 공간이다. 변수는 값을 저장하는 상자로 생각할 수 있다. 우리는 변수에 값을 저장했다가 필요할 때 꺼내 쓸 수 있다. 변수에 있는 값은 언제든지 다른 값으로 바뀔 수 있다. 즉 우리가 필요에 따라서 변수에 들어 있는 값을 다른 값으로 바꿀 수 있는 것이다.

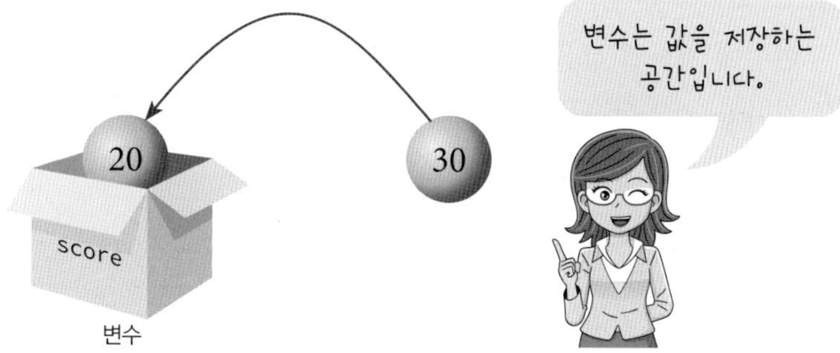

어떤 경우에 변수가 필요한가? 우리가 파이썬으로 게임을 제작한다고 하자. 사용자의 점수는 게임을 하는 도중에 변경될 것이다. 예를 들어서 사용자가 10점짜리 아이템을 획득하였다면 점수가 10점 증가되어야 한다. 이전의 점수가 어딘가에 저장되어야 증가시킬 수 있다. 변수를 사용해야 하는 것이다.

변수는 어디에 만들어질까? 바로 컴퓨터의 메모리(memory)이다. 컴퓨터는 여러 가지 값들을 저장하기 위한 메모리를 가지고 있고 변수는 바로 이 메모리에 생성된다.

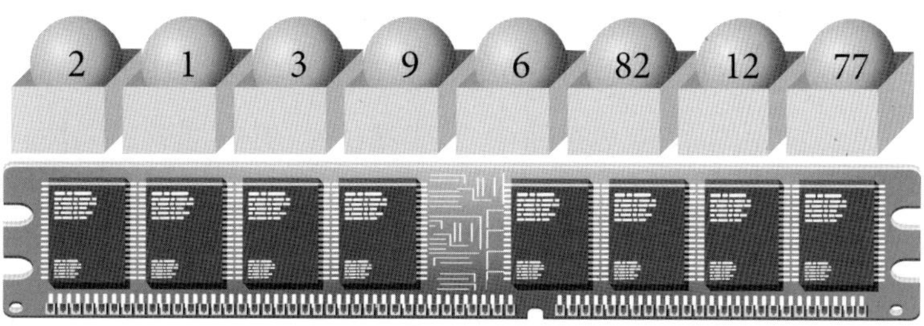

파이썬에서는 변수를 만드는 과정이 정말 간단하다. 변수의 이름을 정하고 등호(=)을 사용하여서 값을 저장하면 된다. 변수에 값을 저장하는 문장을 대입문(assignment statement) 또는 할당문이라고 한다. 예를 들어서 게임에서 사용자의 기본 점수가 20점이라고 하자. 20을 저장하고 있는 변수를 만들어보자. 파이썬 쉘에서 다음과 같이 입력하면 score라는 이름의 변수가 생성된다.

```
>>> score = 20
```

위의 문장은 파이썬에게 변수 score를 생성하고 20이라는 값을 저장하라고 말하고 있다. = 연산자는 같다는 의미가 아니라 변수에 값을 저장한다는 의미이다.

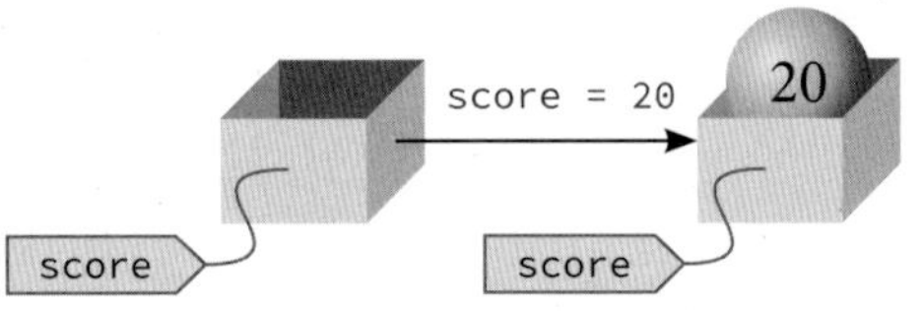

변수에 저장된 값을 확인하려면 다음과 같이 변수 이름만 입력하고 엔터키를 누르거나 print() 함수를 이용하면 된다.

```
>>> score
20
>>> print(score)
20
```

생성된 변수에는 얼마든지 다른 값을 저장할 수 있다. 예를 들어서 사용자가 10점짜리 아이템을 먹어서 점수를 10만큼 증가시켜야 한다고 하자. 우리는 생성된 앞에서 변수 score를 30으로 변경할 수 있다.

```
>>> score = 30
>>> score
30
```

처음에 우리는 score에 20이라는 값을 저장하였다. 이후에 우리는 score에 30을 저장하였다. 이때 변수 score에 있었던 값 20은 지워지고 30이 새롭게 저장된다. 변수는 언제든지 값을 변경할 수 있기 때문에 "변수(변할 수 있는 수)"라는 이름이 붙은 것이다.

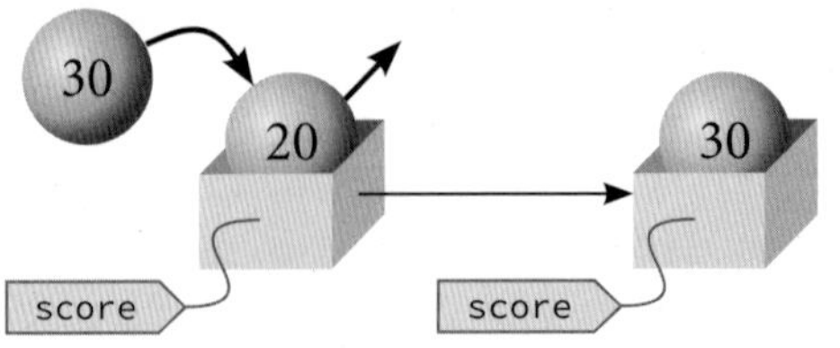

변수에는 다른 변수의 값도 저장할 수 있다. 일반적으로는 변수에는 어떤 수식의 값도 저장할 수 있다. 사각형의 가로 길이와 세로 길이를 나타내는 변수를 만들고 사각형의 면적을 계산하여 보자.

```
>>> width = 10
>>> height = 20
>>> area = width * height      수식의 값이 변수 area에 저장되었다.
>>> print(area)
200
```

위의 코드에서는 변수 width에 10이 저장되고 변수 height에는 20이 저장된다. 변수 area에는 수식 (width * height)의 값이 저장된다.

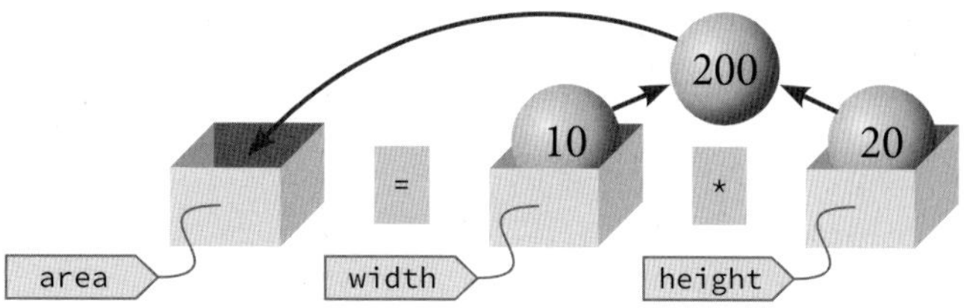

파이썬의 변수에는 정수뿐만 아니라 문자열도 저장할 수 있다. 물론 실수도 저장가 능하다.

```
>>> s = '안녕하세요?'
>>> print(s)
안녕하세요?
>>> pi = 3.141592
>>> print(pi)
3.141592
```

경고

파이썬에서 값이 할당되지 않은 변수를 사용한다면 오류가 발생한다.

```
>>> print(trouble)

NameError: name 'trouble' is not defined
>>>
```

03 수식과 연산자

컴퓨터의 가장 기본적인 기능은 계산이다. 파이썬으로 계산을 할 수 있을까? 물론이다. 우리는 파이썬 인터프리터를 계산기처럼 이용할 수 있다.

예를 들어서 3 + 4를 파이썬을 이용하여 계산해보자. 앞장에서 설치한 파이썬 쉘을 실행시킨 후에 3 + 4를 입력하고 엔터키를 누른다. 3 + 4의 결과값 7이 표시될 것이다.

```
>>> 3 + 4
7
```

반지름이 5.0인 원의 면적을 계산해보자. 파이썬은 3.14 × 5.0 × 5.0와 같이 복잡한 곱셈 계산도 할 수 있다.

```
>>> 3.14 * 5.0 * 5.0
78.5
```

곱셈 기호를 입력할 때는 ×이 아니라 * 기호를 입력하여야 한다. 프로그래밍 언어에서 * 기호를 곱셈 연산자로 사용하는 이유는 곱하기 기호(×)가 키보드에 없기 때문이다.

수식이란?

수식(expression)이란 피연산자들과 연산자의 조합이라고 할 수 있다. **연산자**(operator)는 어떤 연산을 나타내는 기호를 의미한다. **피연산자**(operand)는 연산의 대상이 되는 것이다. 수식 (5 * 8)에서 5와 8는 피연산자이고 *는 연산자이다.

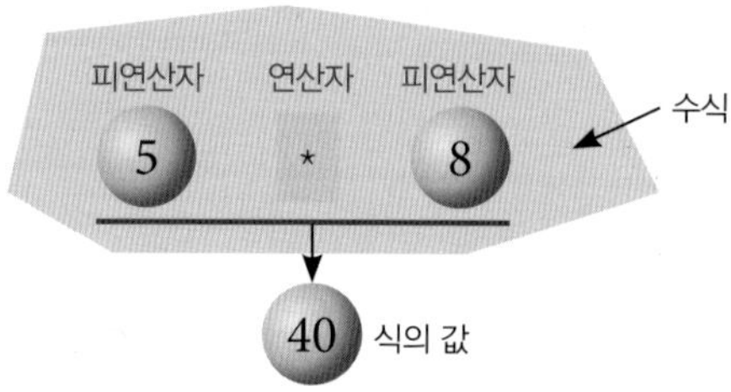

산술 연산자는 기본적인 산술 연산인 덧셈, 뺄셈, 곱셈, 나눗셈, 나머지 연산을 실행하는 연산자이다. 우리는 이미 산술 연산자에 대해서는 앞에서 학습하였다. 여기서는 간단히 정리하고 지나가자. 아래 표에 산술 연산자들을 정리하였다.

연산자	기호	사용예	결과값
덧셈	+	7 + 4	11
뺄셈	–	7 – 4	3
곱셈	*	7 * 4	28
나눗셈	//	7 // 4	1
나눗셈	/	7 / 4	1.75
나머지	%	7 % 4	3

파이썬에서 나눗셈은 항상 실수로 계산된다.

```
>>> 7 / 4
1.75
```

나눗셈은 항상 실수로 계산된다.

하지만 경우에 따라서는 나눗셈을 정수로 계산하고 싶은 경우가 있을 것이다. 이때는 //을 사용하면 된다. //을 사용하여 나눗셈을 하면 소수점 이하는 없어지고 정수 부분만 남는다.

```
>>> 7 // 4
1
```

//을 사용해서 나누면 정수만 남는다.

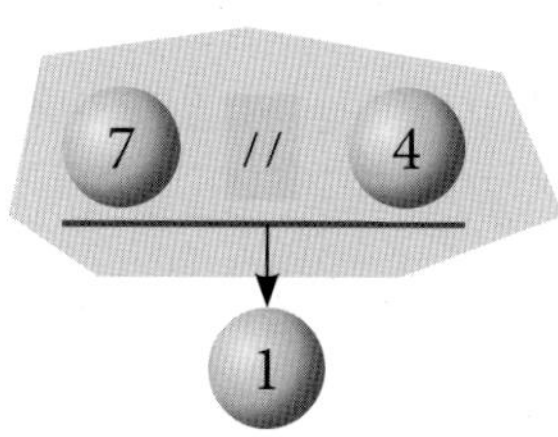

정수나눗셈

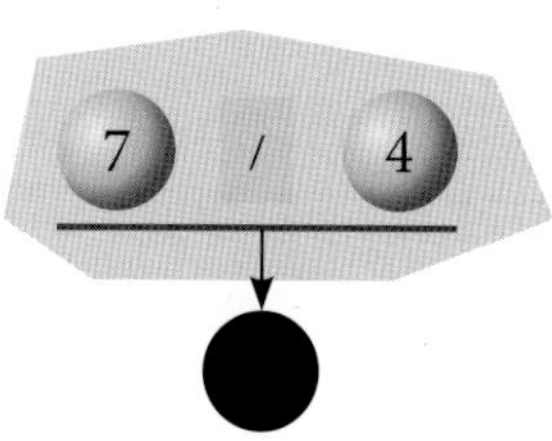

실수나눗셈

계산 결과와 텍스트를 동시에 출력할 때는 다음과 같이 한다.

```
>>> print ("1 + 2는 덧셈 계산이다.")
1 + 2는 덧셈 계산이다.

>>> print ("1 + 2는", 1+2, "이다.")
1 + 2는 3 이다.

>>> print ("1 KB는 ", 2 ** 10, "바이트이다.")
1 KB는 1024 바이트이다.
```

1+2는 따옴표 안에 있으므로 계산되지 않고 텍스트로 취급된다.

중간의 1+2는 따옴표 바깥에 있으므로 계산되어서 3이 된다.

지수 계산하기

지수(power)를 계산하려면 ** 연산자를 사용한다. 예를 들어서 2^7을 계산하는 파이썬 수식은 2**7이다.

```
>>> 2 ** 7
128
```

2의 7승이 계산된다.

수학에서처럼 지수 연산자는 다른 연산자들보다 높은 우선순위를 가진다. 예를 들어서 10*2**7은 $10 \times 2^7 = 1280$이다. 다른 연산자와는 다르게 지수 연산자는 오른쪽에서 왼쪽으로 계산된다. 예를 들어서 2**2**3은 2**(2**3)=2**8=256이 된다.

예를 들어서 원리금 합계를 복리로 계산하는 식을 파이썬으로 만들어 보자. 원금 a, 이자율 r, n년 후에 원리금 합계는 b = a(1+r)^n이 된다. 이것을 파이썬으로 만들어서 계산하면 다음과 같다.

```
>>> a=1000
>>> r=0.05
>>> n=10
>>> a*(1+r)**n
1628.894626777442
```

나머지 계산하기

나머지 연산자 %는 생각보다 많이 사용되는 중요한 연산자이다. x%y는 x를 y로 나누어서 남은 나머지를 반환한다. 예를 들어 7%4은 3이다. 7을 4으로 나누면 몫은

1이고 나머지는 3이 된다. 나머지 연산은 모듈러스(modulus) 연산이라고도 불린다. % 연산자는 퍼센트와는 전혀 관련이 없다.

```
>>> 7 % 4
31
```

7을 4로 나누어서 나머지 3을 반환한다.

나머지 연산자를 이용하면 짝수와 홀수를 쉽게 구분할 수 있다. 즉 어떤 수 x를 2로 나누어서 나머지가 0이면 짝수이다. 또 3의 배수도 쉽게 판별할 수 있다. x%3의 결과가 0이면 3의 배수인 것이다.

```
>>> 8 % 2
0
```

예제로 초단위의 시간을 받아서 몇 분 몇 초인지를 계산하여 보자. 즉 1000초가 몇 분 몇 초에 해당하는지를 계산할 수 있다.

```
>>> sec = 1000
>>> min = 1000 // 60
>>> remainder = 1000 % 60
>>> print(min, remainder)
16 40
```

1000초는 16분 40초인 것을 알 수 있다.

하나의 예로 현재 5000원이 있고 사탕의 가격이 120원이라고 하자. 최대한 살 수 있는 사탕의 개수와 나머지 돈은 얼마인가?

```
myMoney = 5000;
candyPrice = 120;
# 최대한 살 수 있는 사탕 수
numCandies = myMoney//candyPrice
print(numCandies)
# 최대한 사탕을 구입하고 남은 돈
change = myMoney % candyPrice;
print(change)
```

```
41
80
```

04 input() 함수

우리는 앞 절에서 산술 연산을 하고 그 결과를 화면에 출력하는 프로그램을 학습하였다. 그런데 문제가 있다! 앞의 프로그램은 항상 똑같은 산술 연산만을 한다. 사용자와의 상호작용은 전혀 없다! 사용자와 상호작용이 없는 프로그램은 큰 효용가치가 없다. 항상 똑같은 결과만을 출력하기 때문이다. 상황에 맞는 연산을 하지 못한다. 만약 사용자로부터 2개의 정수를 받아서 합을 계산한 후에 결과를 출력하는 프로그램이라면 어느 정도 쓸모가 있다. 결론적으로 우리는 사용자로부터 데이터를 얻는 방법을 알아야 한다.

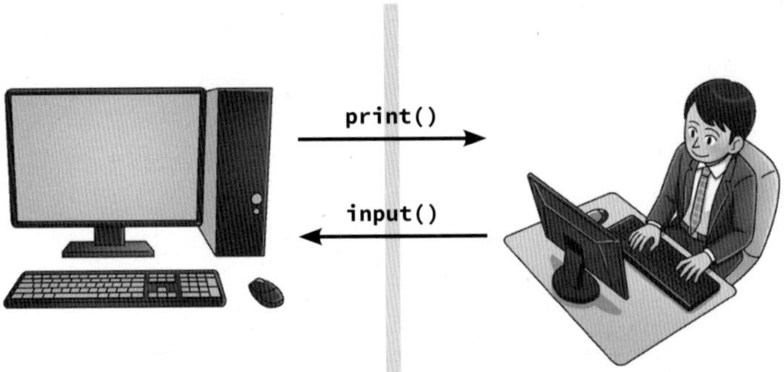

사용자 인터페이스

파이썬은 키보드에서 입력을 받는 input() 함수를 제공한다. input()은 입력을 받기 전에 사용자에게 출력하는 프롬프트 문자열을 가질 수 있다. input()이 호출되면 프로그램의 실행은 사용자가 입력할 때까지 잠시 중지된다. 사용자가 입력을 끝내고 엔터키를 누르면 프로그램의 실행이 다시 시작된다. input()의 프롬프트 문자열은 화면에 출력된다.

문자열 입력

예를 들어 보자. 사용자의 이름을 물어보고 다시 나이를 물어보는 프로그램을 작성해보자.

```
name = input("이름이 무엇인가요? ")
print("만나서 반갑습니다. " + name + "씨!")
age = input("나이는요? ")
print("네, 그러면 당신은 이미 " + age + " 살이시군요, " + name + "씨!")
```

위의 프로그램을 파일에 저장하고 실행시키면 다음과 같은 실행결과를 얻게 된다.

```
이름이 무엇인가요? 홍길동
만나서 반갑습니다. 홍길동씨!
나이는요? 21
네, 그러면 당신은 이미 21 살이시군요, 홍길동씨!
```

숫자 입력

아주 간단한 예제이지만 사용자로부터 정수 2개를 받아서 합계를 출력하는 프로그램을 작성해보자.

```
x = input("첫 번째 정수: ")
y = input("두 번째 정수: ")
sum = x + y
print("합은 ", sum)
```

```
첫 번째 정수: 10
두 번째 정수: 20
합은 1020
```

하지만 충격적인 결과 "1020"이 나왔다. 어째서 이런 일이 발생한 것일까? 자세히 관찰해보면 파이썬은 10과 20을 문자열로 간주하여서 서로 연결한 것 같다. 파이썬에서 문자열 "10"과 정수 10은 아주 다르다. 컴퓨터 안의 내부적인 표현도 아주 달라진다. 따라서 위의 문제를 해결하려면 문자열 "10"을 정수 10으로 변환하여야 한다. int() 함수는 문자열을 받아서 정수로 변환한다. 올바른 프로그램을 다음과 같다.

```
x = int(input("첫 번째 정수: "))
y = int(input("두 번째 정수: "))
sum = x + y
print("합은 ", sum)
```

```
첫 번째 정수: 10
두 번째 정수: 20
합은 30
```

터틀 그래픽

파이썬에서는 화면에 그림을 그릴 수 있다. 그 중의 하나가 터틀 그래픽(turtle graphic)이다. 터틀 그래픽은 카테시안 공간에서 커서(터틀)를 이용하여서 그림을 그리는 기능이다.

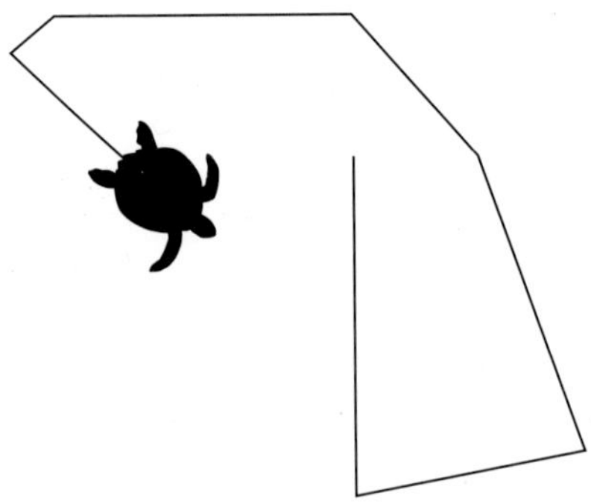

터틀은 3가지의 속성을 가진다.

- 위치(location)
- 방향(orientation)
- 펜(pen)

우리가 파이썬으로 거북이한테 이동 명령을 내리면 거북이가 지나가면서 펜으로 흔적을 남기는 것이다. 터틀 그래픽을 사용해보면 컴퓨터 그래픽의 기초를 학습하는데 도움을 준다. 또한 텍스트 위주의 실습보다 훨씬 재미있는 예제를 많이 실습해볼 수 있다.

우리가 터틀 그래픽을 사용하려면 이 기능을 제공하는 코드를 먼저 불러들여야 한다. 파이썬에서는 이것을 모듈(module)이라고 한다. 모듈은 어떤 기능을 제공하는 코드의 묶음이다. 프로그래머는 모듈을 자신의 프로그램에 포함시켜서 모듈이 제공하는 기능을 사용할 수 있다.

파이썬에는 터틀 그래픽을 제공하는 turtle이라는 모듈이 있고 이 모듈에는 화면에 점, 선, 곡선을 그릴 수 있는 벡터 그래픽 기능을 제공한다. turtle 모듈을 포함시키려면 다음과 같은 명령어를 파이썬 쉘에서 실행한다.

```
>>> import turtle
```

터틀 그래픽을 사용하여서 화면에 그림을 그리려면 캔버스가 필요하다. 캔버스는 다음과 같이 펜을 생성하여야 나타난다.

```
>>> t=turtle.Pen()
```

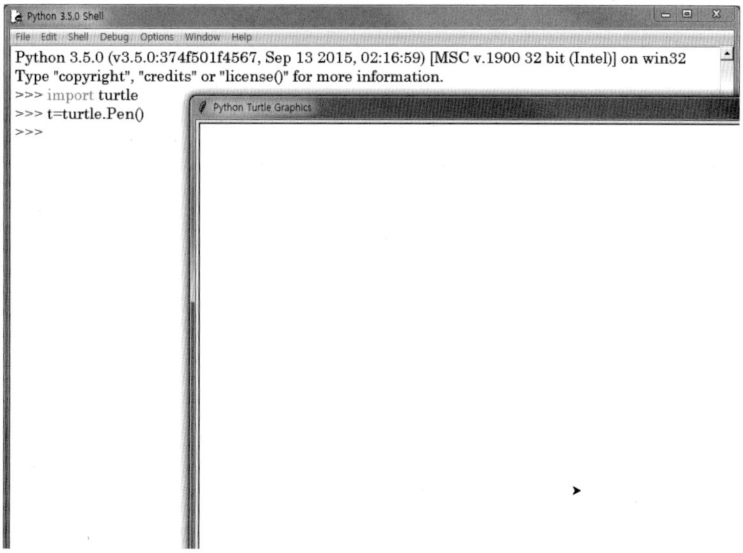

화면에 거북이가 나타나지 않아서 실망한 사람도 있을 것이다. 화면에 거북이는 없지만 대신에 화살표가 있다. 커서를 거북이로 바꿀려면 다음과 같은 명령어를 추가로 실행시킨다.

```
>>> t.shape("turtle")
```

거북이를 우리가 움직이면 그림이 그려진다. 다음과 같은 명령어를 이용하여 화살표를 앞으로 전진시켜보자.

```
>>> t.forward(100)
```

거북이가 움직이면서 직선이 그려지는 것을 볼 수 있다. 여기서 100은 100픽셀을 의미한다. 즉 거북이가 앞으로 100 픽셀(pixel)을 움직이면서 직선을 그리게 된다.

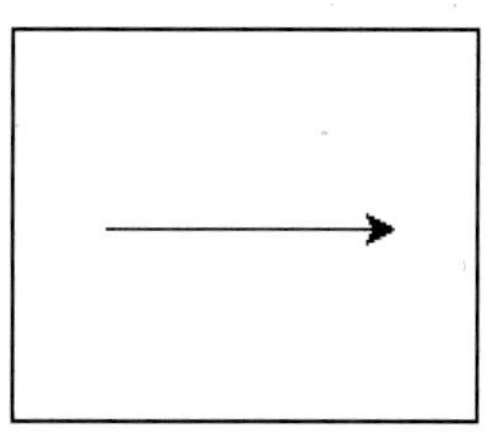

NOTE: 픽셀이란?

픽셀(pixel)은 컴퓨터 이미지를 이루는 가장 작은 단위인 점을 뜻한다. 픽셀은 그림(picture)의 원소(element)라는 의미를 가진다. 한자로는 화소라고 번역할 수 있다.

거북이의 방향을 바꾸려면 어떻게 할까? 방향을 전환하는 명령어들이 있다. 거북이를 오른쪽으로 90도 회전시키려면 다음과 같은 명령어를 사용한다.

```
>>> t.right(90)
```

이어서 거북이를 100픽셀만큼 전진시키면 다음과 같은 그림이 그려진다.

```
>>> t.forward(100)
```

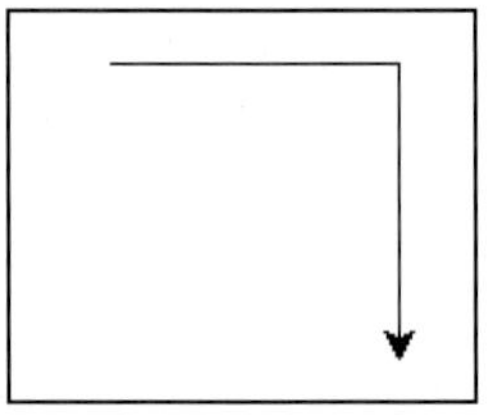

자 이제 어느 정도 터틀 그래픽을 이해했을 것이다. 터틀 그래픽으로 사각형을 그려보자.

```
>>> t.forward(100)
>>> t.right(90)
>>> t.forward(100)
>>> t.right(90)
>>> t.forward(100)
>>> t.right(90)
>>> t.forward(100)
```

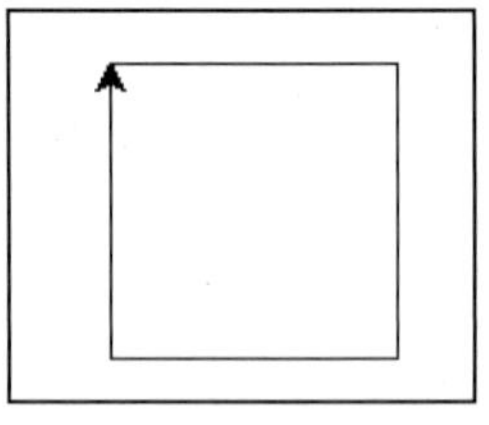

펜의 색상도 얼마든지 변경이 가능하다. 다음과 같은 명령어들 중에서 하나를 선택하여 사용하면 된다.

- pencolor(colorstring) - 문자열을 가지고 펜의 색상을 설정한다. 예를 들어서 “red”, “yellow”, “#33cc8c”와 같은 문자열을 사용한다.
- pencolor((r, g, b)) - RGB 컬러값을 가지고 펜의 색상을 설정한다. 색상은 (r, g, b)로 표현된다. r, g, b 값은 0..255 사이어야 한다. 또는 0..1.0도 가능하다.

색상을 변경하여서 사각형을 그려보자. 이번에는 파일을 오픈하여서 다음과 같이 입력하고 파일을 실행하여 보자.

```
import turtle
t=turtle.Pen()

t.pencolor("red")
t.forward(100)
t.right(90)
t.forward(100)
t.right(90)
t.forward(100)
t.right(90)
t.forward(100)
```

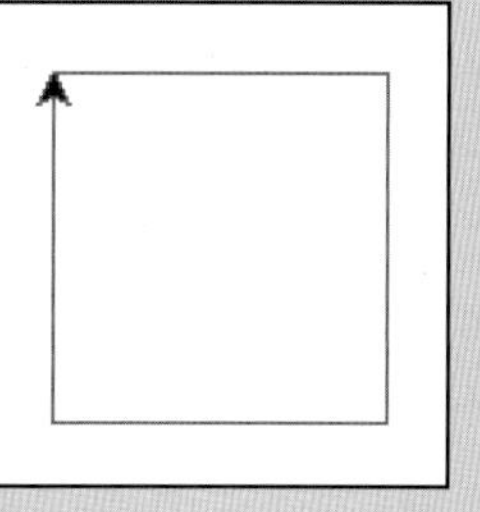

터틀 그래픽에서 화면을 지우려면 t.reset()을 사용한다. 만약 화살표는 현재 위치에 그대로 두면서 화면을 지우려면 t.clear()를 사용한다.

Lab

2차 함수 계산

예를 들어서 파이썬을 사용하여서 2차 함수 $y = 3x^2 + 7x + 9$에서 $x = 2$일 때, 함수의 값을 계산하여 보자. 지수 연산자 **을 사용해보자.

$y = 3x^2 + 7x + 9$을 파이썬 수식으로 표현하면 다음과 같다.

```
y = 3.0 * x**2 + 7.0 * x + 9.0
```

Solution

2차 함수 계산

```
cal_quad_eq.py
>>> x = 2.0
>>> y = 3.0 * x**2 + 7.0 * x + 9.0
>>> print(y)
35.0
```

Lab 자동 판매기 프로그램

자동 판매기를 시뮬레이션하는 프로그램을 작성하여 보자. 사용자는 1000원짜리 지폐와 500원짜리 동전, 100원짜리 동전을 사용할 수 있다. 물건값을 입력하고 1000원권, 500원짜리 동전, 100원짜리 동전의 개수를 입력하면 거스름돈을 계산하여서 동전으로 반환한다.

```
물건값을 입력하시오: 750
1000원 지폐개수: 1
500원 동전개수: 0
100원 동전개수: 0
500원= 0 100원= 2 10원= 5 1원= 0
```

Solution

자동 판매기 프로그램

atm.py

```
itemPrice = int(input("물건값을 입력하시오: "))
note = int(input("1000원 지폐개수: "))
coin500 = int(input("500원 동전개수: "))
coin100 = int(input("100원 동전개수: "))

change = note*1000 + coin500*500 + coin100*100 - itemPrice

# 거스름돈(500원 동전 개수)을 계산한다.
nCoin500 = change//500
change = change%500

# 거스름돈(100원 동전 개수)을 계산한다.
nCoin100 = change//100
change = change%100

# 거스름돈(10원 동전 개수)을 계산한다.
nCoin10 = change//10
change = change%10

# 거스름돈(1원 동전 개수)을 계산한다.
nCoin1 = change

print("500원=", nCoin500, "100원=", nCoin100, "10원=", nCoin10, "1원=",
nCoin1)
```

Lab

변수 값 교환

변수 x와 변수 y의 값을 서로 바꾸는 프로그램을 작성해보자. 다음과 같은 프로그램으로는 변수의 값을 교환할 수 없다. 왜 그럴까? 그리고 해결 방법은 무엇일까?

```
x = 10                  #(1)
y = 20                  #(2)
x = y                   #(3)
y = x                   #(4)
```

문장 (3)을 실행하는 순간, x에 저장되었던 값이 없어지고 y의 값으로 바뀌게 된다. 따라서 문장 (3)을 실행하기 전에 x에 저장된 값을 다른 변수에 저장해놓아야 한다.

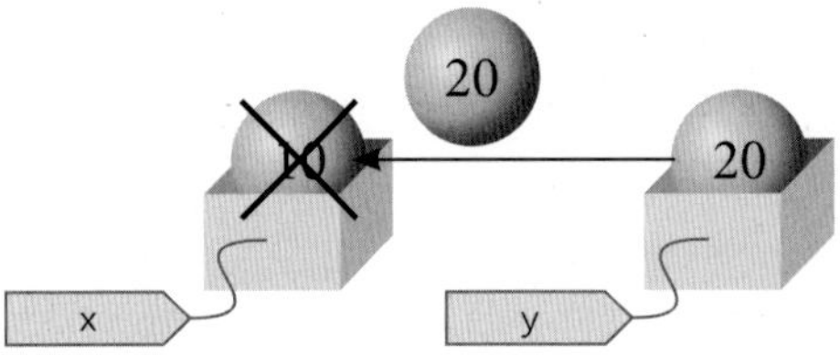

Solution 변수 값 교환

일반적인 방법은 임시적인 변수 temp를 사용하여 변수 x의 값을 저장하고 y의 값을 x로 이동한 후에 y에 저장했던 x의 값을 넣어주는 방법이다.

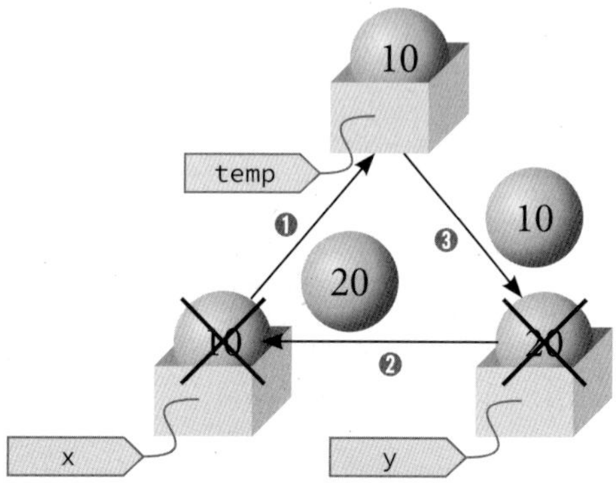


```
temp= x
x = y
y= temp
```

파이썬에서는 더욱 과격한 방법도 제공하는데 다음과 같이 작성하면 된다.

```
x, y = y, x
```

Lab

복리계산

1626년에 아메리카 인디언들이 뉴욕의 맨하탄섬을 단돈 60길더(약 24달러)에 탐험가 Peter Minuit에게 팔았다고 한다. 382년 정도 경과한 현재 맨하탄 땅값은 약 600억달러라고 한다. 인디언들은 큰 손해를 보았다고 할 수 있다.

(출처: Getty Images)

하지만 만약 인디언이 24달러를 은행의 정기예금에 입금해두었다면 어떻게 되었을까? 예금 금리는 복리로 6%라고 가정하자. 그리고 382년이 지난 후에는 원리금을 계산하여 보자.

Solution

복리계산

복리로 원리금을 계산하는 식은 (투자원금 × (1 + 이율)**투자기간)이다. 이것을 파이썬 계산기로 계산해보면 다음과 같다.

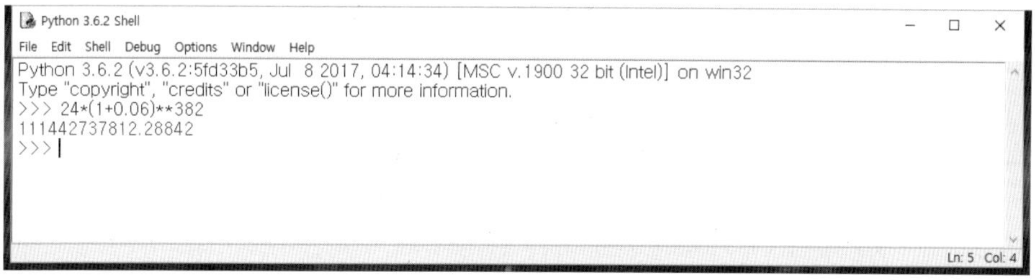

놀랍게도 380년이 지나면 원리금은 1,114억 달러가 되어서 현재 땅값을 넘어서게 된다. 만약 이율이 약간이라도 더 높으면 그 차이는 더 벌어질 것이다. 이것이 바로 "복리효과"이다. 재투자가 이루어지면 재산이 급격하게 증식되는 것이다.

우리는 인디언이 맨하탄을 판 금액을 은행에 복리로 저축했을 경우, 382년이 흘렀을 때 얼마가 되는지를 계산해보았다. 계산식은 (투자원금 × (1 + 이율)**투자기간)이었고 다음과 같이 계산하였다.

```
>>> 24*(1+0.06)**382
111442737812.28842
```

위의 식에서 숫자들을 변수로 바꾸어보자. 다음과 같이 변수들을 초기화하자.

```
>>> init_money=24
>>> interest=0.06
>>> years=382
```

수식을 변수를 이용하여서 다시 작성해보자.

```
>>> init_money*(1+interest)**years
111442737812.28842
```

동일한 결과가 출력된다. 그러면 우리는 왜 변수를 사용하는 것인가? 그런데 예를 들어서 이율이 6%에서 7%로 증가되었다고 가정하자. 변수를 사용하지 않았다면 전체 수식을 다시 입력하여야 한다.

```
>>> 24*(1+0.07)**382
4025448895228.3027
```

하지만 변수를 사용하였다면 좀 더 편리하게 계산을 할 수 있다. 이 경우에는 다음과 같이 interest 변수의 값을 변경하고 동일한 수식을 계산하면 변경된 값을 순식간에 얻을 수 있다(파이썬에서 수식은 [Ctrl] + C하여 복사하고 [Ctrl] + V하여서 붙여 넣을 수 있다).

```
>>> interest=0.07
>>> init_money*(1+interest)**years          #복사하여 붙인다.
4025448895228.3027
```

이율이 0.01%만 올라도 382년이 흐른 뒤에는 엄청난 차이가 발생하는 것을 쉽게 알 수 있다. 변수를 사용하는 편이 전체 수식을 다시 입력하는 것보다 훨씬 쉽다는 것을 알 수 있다.

도전문제

인디언 예제에서 초기 저금액이나 기한을 나타내는 변수의 값을 변경하면서 수식의 값이 어떻게 변경되는지를 실습해보자. 즉 init_money나 years의 값을 변경하여서 총금액이 어떻게 바뀌는지를 관찰해보자.

실전
예제

이진수 실습 #1

컴퓨터는 기본적으로 '신호가 있다' 또는 '신호가 없다'는 개념 위에 만들어진다. 이것은 기본적으로 전자 스위치가 켜져 있거나 꺼져 있는 것으로 구현된다. 이것이 바로 비트(bit)이다. 이 작은 양의 정보는 컴퓨터에 저장할 수 있는 가장 작은 정보량으로 알려져 있다. 비트는 '꺼져 있다'(0) 또는 '켜져 있다'(1)로 표현한다.

1보다 높은 수를 나타내기 위해 여러 개의 비트들을 사용하는 아이디어가 탄생했다. 8개의 비트를 사용하면 더 큰 숫자를 저장할 수 있다. 이것을 바이트(byte)라고 한다. 일반적으로 1과 0으로 구성된 시퀀스를 2진수라고 한다.

파이썬으로 2진수를 10진수로 출력해보자. 또 10진수를 2진수로 출력하는 방법도 살펴보자. 파이썬에서도 2진수로 숫자를 표시할 수 있다. 예를 들어서 2진수 000110을 10진수로 변환하려면 다음과 같이 int() 함수를 사용한다.

```
>>> print(int('000110', 2))
6
```

우리는 2진수 000110이 10진수로 6임을 알 수 있다.

반대로 10진수를 2진수로 변환하려면 어떻게 하면 될까? bin()이라는 함수를 사용하면 된다. 예를 들어서 10진수 168을 2진수로 변환하려면 다음과 같이 한다.

```
>>> print(bin(168))
0b10101000
```

2진수는 앞에 0b가 붙는 것을 알 수 있다.

실전
예제

이진수 실습 #2

2진수 000000부터 000111까지를 10진수로 변환하여 출력하는 프로그램을 작성해 보자. 우리는 아직 반복구조에 대하여 학습하지 않았으므로 순차구조만을 사용하자.

2진수 000000을 10진수로 출력하는 프로그램은 다음과 같다고 하였다.

```
print(int('000000', 2))
```

위의 문장을 복사하면서 2진수만 다르게 하면 될 것이다.

```
print(int('000000', 2))
print(int('000001', 2))
print(int('000010', 2))
print(int('000011', 2))
print(int('000100', 2))
print(int('000101', 2))
print(int('000110', 2))
print(int('000111', 2))
```

2진수와 10진수를 동시에 출력하려면 다음과 같이 한다.

```
print('000000', int('000000', 2))
print('000001', int('000001', 2))
print('000010', int('000010', 2))
print('000011', int('000011', 2))
print('000100', int('000100', 2))
print('000101', int('000101', 2))
print('000110', int('000110', 2))
print('000111', int('000111', 2))
```

```
000000 0
000001 1
000010 2
000011 3
000100 4
000101 5
000110 6
000111 7
```

CHAPTER

03

PYTHON WORKBOOK

분해

이번 장에서는 다음과 같은 내용을 학습합니다.

▶ 자료형의 개념을 살펴본다.

▶ 컴퓨팅 사고의 중요한 개념인 "분해"에 대하여 살펴본다.

학습목차

Section 01

이번 장에서 학습할 내용

분해(decomposition)는 컴퓨팅 사고의 4가지 기초개념 중 하나이다. 분해는 복잡한 문제를 쪼개서 해결 가능한 크기의 작은 문제들의 집합으로 바꾸는 기술이다. 예전부터 수학에서는 분해기법을 많이 사용해왔다. 이러한 방법은 컴퓨팅 사고에서도 사용된다. 복잡한 문제를 분해를 통하여 더 작은 문제로 바꾸고 이 문제들을 해결하는 것이다.

1. 자료형에 대하여 살펴본다.
2. 컴퓨팅 사고 "분해"와 관련된 Lab 문제를 컴퓨터로 실습해본다.

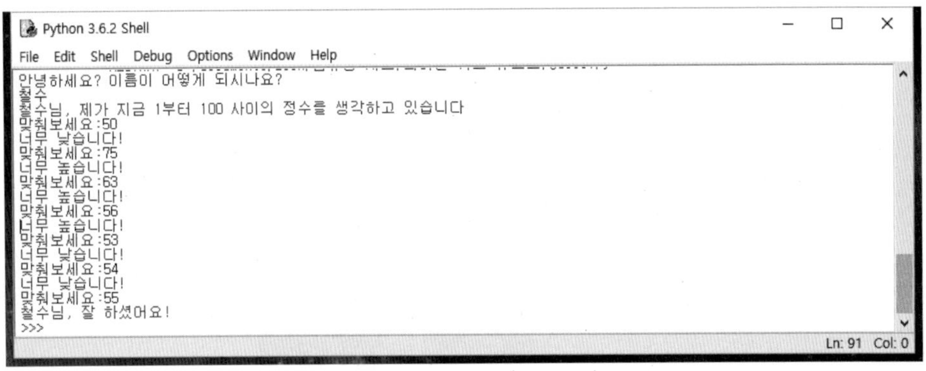

02 자료형

파이썬에서는 어떤 종류의 데이터들을 사용하고 있을까? 많은 컴퓨터 프로그램이 숫자, 텍스트, 이미지 등 다양한 종류의 데이터를 조작한다. 파이썬이 처리하는 자료형(data type)에는 3가지 종류가 있다. 첫 번째는 1이나 2와 같은 정수(integer)이다. 두 번째는 3.2와 같은 실수(floating-point)이다. 세 번째는 'Hello World!'와 같은 문자열(string)이다.

- 정수형은 정수값을 저장할 수 있다.
- 실수형은 실수값을 저장할 수 있다.
- 문자열(string)은 문자(a~z), 숫자 (0~9), 기타 기호(+, − 등)들이 서로 연결된 것이다. 문자열을 사용하여 우리는 이름, 주소 등을 저장할 수 있다. 파이썬에서 문자열은 큰따옴표를 사용하여 "Hello World!"와 같이 나타내어도 되고 작은따옴표를 사용하여 'Hello World!'와 같이 써도 된다. 어떤 표현이든지 동일하다.

자료형	예
정수	..., −2, −1, 0, 1, 2, ...
실수	3.2, 3.14, 0.12
문자열	'Hello World!', "123"

자료형을 알고 싶으면 type() 함수를 사용하면 된다.

```
>>> type("Hello World!")
<class 'str'>
>>> type(3.2)
<class 'float'>
>>> type(17)
<class 'int'>
```

파이썬의 변수에는 어떤 자료형의 데이터든지 저장이 가능하다. 또 중간에 다른 자료형의 데이터를 저장하여도 된다.

```
>>> x = 3.2
>>> x = "Hello World!"
>>> x
'Hello World!'
```

따라서 일상적인 경우에 개발자는 데이터의 종류에 신경 쓰지 않아도 된다. 하지만 문자열과 숫자는 서로 구분하여야 한다. 문자열 '10'과 숫자 10은 컴퓨터에서는 아주 다르게 취급된다. 예를 들어 보자. 함수 input()은 사용자로부터 텍스트 형태의 데이터를 받아서 반환하는 함수이다. input() 함수가 반환하는 데이터는 문자열일까? 아니면 정수나 실수일까?

```
>>> x = input("정수를 입력하시오: ")
정수를 입력하시오: 10
>>> x
'10'
```

input() 함수가 반환한 것은 '10'인 것을 알 수 있다. '10'은 정수 10과는 다르다. 다행히도 파이썬에는 '10'을 정수 10으로 변경시켜 주는 int()라는 함수가 있다.

```
>>> x = input("정수를 입력하시오: ")
정수를 입력하시오: 10
>>> y = int(x)
>>> y
10
```

문자열을 실수로 변경해주는 함수는 float()이다.

```
>>> x = input("실수를 입력하시오: ")
실수를 입력하시오: 3.2
>>> y = float(x)
>>> y
3.2
```

그런데 이번에는 반대로 정수를 문자열로 변환하고 싶다. 어떻게 해야 할까? 이때는 str() 함수를 사용하면 된다.

```
>>> print('나는 현재 ' + str(21) + '살이다.')
나는 현재 21살이다.
```

Lab 구의 부피 계산하기

반지름이 r인 구의 부피는 다음과 같은 식으로 계산할 수 있다.

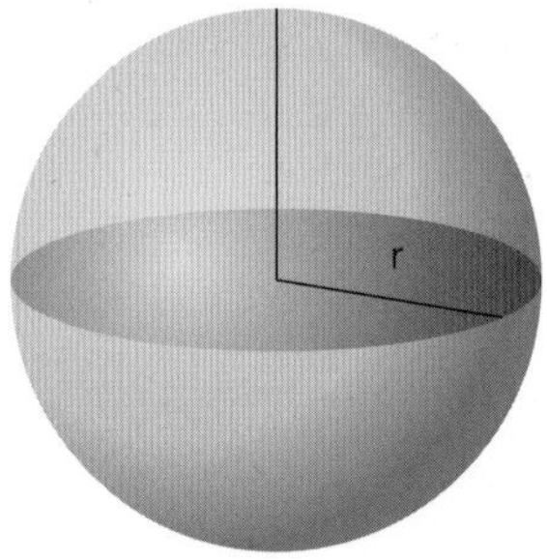

$$\frac{4}{3}\pi r^3$$

반지름이 5인 구의 부피를 계산하는 파이썬 프로그램을 작성해보자.

Solution

```
>>> r = 5.0
>>> volume = 4.0/3.0 * 3.141592 * r**3
>>> print(volume)
523.5986666666666
```

Lab 별까지 거리 계산하기

지구에서 가장 가까운 별은 어디일까? 정답은 태양이다. 태양 다음으로 가까운 별은 프록시마 센타우리(Proxima Centauri) 별이라고 한다. 프록시마 센타우리는 지구로부터 40×10^{12} km 떨어져 있다고 한다. 빛의 속도로 프록시마 센타우리까지 간다면 시간이 얼마나 걸리는지 직접 계산해보기로 하자. 단위는 광년(light year)이다. 물론 빛의 속도는 300000 km/sec이다. 변수를 최대한 많이 사용하여 보자.

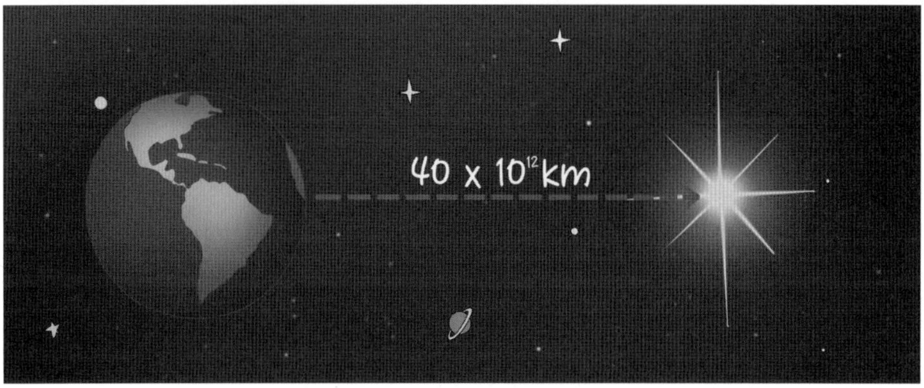

Solution

천문학에서 사용하는 숫자들은 아주 크다. 따라서 실수를 사용하여야 한다. 또 빛이 1년에 진행하는 거리인 광년을 사용하여 단위를 나타내보자.

```
>>> speed = 300000
>>> distance = 40000000000000
>>> secs = distance/speed
>>> light_year = secs/(60.0*60.0*24.0*365.0)
>>> print(light_year)
4.227972264501945
```

도전문제

인간이 만든 우주선인 보이저 1호의 속도는 약 시속 6만km라고 한다. 보이저로 가면 얼마나 시간이 걸리는 계산해보자. 위의 코드에서 speed 변수의 값만 변경하여서 다시 계산해보라.

Lab 대화하는 프로그램 만들기

사용자에게 이름을 물어보고 화면에 "철수님 반갑습니다"와 같이 출력한다. 이어서 사용자의 나이를 물어보고 "10년 후면 30살이 되시는군요!"와 같이 출력하도록 파이썬 프로그램을 작성하라. 모든 작업은 파이썬 셸에서 진행한다.

Solution

```
>>> name = input('이름을 입력해주세요: ')
이름을 입력해주세요: 김철수
>>> print(name, "님 만나서 반갑습니다.")
김철수 님 만나서 반갑습니다.
>>> age = input('나이를 입력해주세요: ')
나이를 입력해주세요: 20
>>> print('10년 후면', int(age)+10, '살이 되시는군요!')
10년 후면 30 살이 되시는군요!
```

03 문자열

우리는 앞에서 숫자를 처리하는 파이썬 프로그램을 살펴보았다. 컴퓨터에게는 숫자가 중요하지만 인간은 주로 문자열(string)를 사용하여 정보를 표현하고 저장하므로 문자열의 처리도 무척 중요하다. 우리가 프로그래밍을 할 때 아주 많이 접하는 문제가 문자열을 나누거나 합치고 문자열에서 특정한 단어를 검색하는 작업이다. 문자열(string)은 문자들의 순서있는 집합(sequence of characters)이다. 프로그래머가 아닌 사람들은 텍스트 데이터라고 부른다. 프로그래머들만 텍스트 데이터를 문자열(string)이라고 부른다. 전문적인 용어를 사용해야만 혼동이 없기 때문이다. 문자열은 아래 그림처럼 일렬로 나열된 문자들이다.

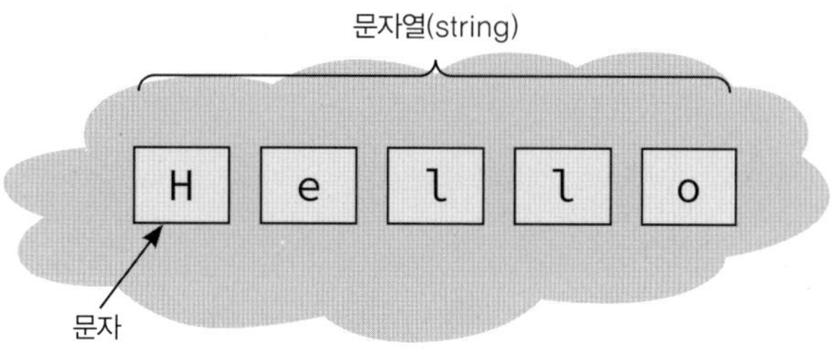

예를 들어서 "Hello"도 문자들이 모인 것이므로 문자열이다. 우리가 사용하는 일상적으로 사용하는 단어, 문장들도 프로그램에서는 문자열이 된다.

파이썬에서는 텍스트를 큰따옴표("...")로 텍스트를 감싸면 문자열이 된다. 즉 다음과 같이 문자열을 생성할 수 있다.

```
>>> "Hello"
'Hello'
```

문자열은 변수에 저장될 수 있다. 변수에 저장된 문자열을 print() 함수를 이용하여 출력할 수 있다. 아니면 그냥 변수 이름만 입력하고 엔터키를 눌러도 된다.

```
>>> greeting="Merry Christmas!"
>>> greeting
'Merry Christmas!'
```

```
>>> print(greeting)
Merry Christmas!
```

작은따옴표('...')를 사용하여도 문자열을 만들 수 있다.

```
>>> greeting='Happy Holiday!'
>>> print(greeting)
Happy Holiday!
```

Section 04 리스트

파이썬은 여러 개의 값을 모아서 하나의 변수에 저장할 수 있다. 가장 널리 사용되는 것은 리스트(list)이다. 리스트는 목록 또는 일람표라고 할 수 있다. 리스트는 [ ] 안에 값을 나열하고 값과 값 사이에 콤마를 찍으면 된다. 예를 들어서 우리가 마트에 쇼핑하기 전에 쇼핑할 물건들의 목록을 리스트로 만든다고 가정하자.

```
shopping_list = ['milk',
                 'eggs',
                 'cheese',
                 'butter',
                 'cream']
```

```
>>> shopping_list = ['milk', 'eggs', 'cheese', 'butter', 'cream']
>>> print(shopping_list)
['milk', 'eggs', 'cheese', 'butter', 'cream']
```

파이썬에서 리스트는 아주 유용하다. 왜냐하면 우리는 필요에 따라서 리스트를 조작할 수 있기 때문이다. 즉 리스트의 항목을 삭제하거나 교체할 수 있다는 의미이다. 먼저 파이썬의 리스트 안에 저장된 항목들을 번호를 가지고 있다. 번호는 다음과 같이 각 항목에 붙여져 있다.

항목 #0 항목 #1 항목 #2 항목 #3 항목 #4

```
shopping_list = ['milk', 'eggs', 'cheese', 'butter', 'cream']
```

0	milk
1	eggs
2	cheese
3	butter
4	cream

우리는 번호를 가지고 리스트 안의 특정한 항목을 출력할 수 있다. 예를 들어서 3번째 항목을 출력하는 문장은 다음과 같다.

```
>>> print(shopping_list[2])
cheese
```

그런데 좀 이상하다. 3번째 항목인데 왜 shopping_list[2]라고 하였을까? 이것은 프로그래밍의 오랜 전통 때문에 그렇다. 리스트의 항목의 번호는 0부터 시작한다. 따라서 첫 번째 항목의 번호는 0이고 두 번째 항목의 번호는 1, 세 번째 항목의 번호는 2인 것이다.

이번에는 약간 더 과격한 조작을 하여 보자. 우리에게 치즈보다 사과가 더 급하다고 가정하자. 따라서 3번째 항목을 'apple'로 변경하여 보자.

```
>>> shopping_list[2]='apple'
>>> print(shopping_list)
['milk', 'eggs', 'apple', 'butter', 'cream']
```

위의 문장은 인덱스 번호 2번에 있는 항목을 'apple'로 변경한다. 리스트는 변경가능한 객체이다.

실전
예제

집 그리기 #1

분해(decomposition) 기법은 복잡한 문제를 작은 조각들로 나누어서 해결하는 것이다. 각각의 조각은 전체 작업 중에서 하나의 부분을 수행한다. 문제를 나눈 후에 부분 문제를 개별적으로 해결하여 본 문제를 해결하면 된다.

구체적인 예를 들어보자. 파이썬의 터틀 그래픽을 이용하여 다음과 같은 집을 그린다고 하자. 집은 하나의 삼각형과 하나의 사각형으로 이루어져 있다.

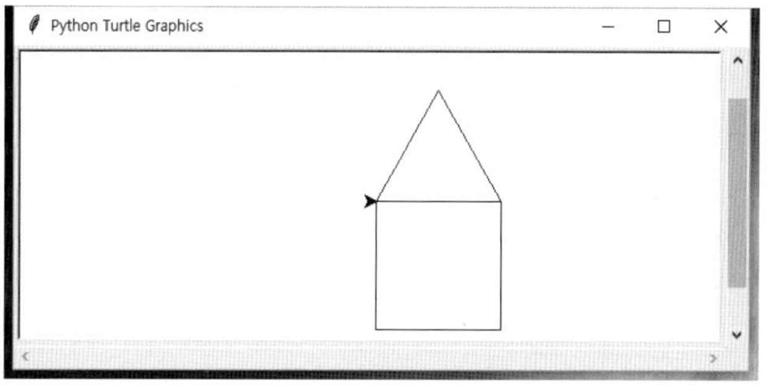

집을 그리는 작업을 지붕그리기와 몸체그리기 작업으로 나눈다. 각각을 파이썬 코드로 구현하면 된다.

```
import turtle
t=turtle.Pen()
# 몸체를 그린다.
t.forward(100)
t.right(90)
t.forward(100)
t.right(90)
t.forward(100)
t.right(90)
t.forward(100)

# 방향을 전환한다.
t.right(90)

# 지붕을 그린다.
t.forward(100)
t.right(-120)
t.forward(100)
t.right(-120)
t.forward(100)
t.right(-120)
```

05 함수 만들기

복잡한 문제를 작은 문제로 분리한 후에 작은 문제들은 함수로 작성하는 것이 좋다. 파이썬에서 함수란 입력을 받아서 출력을 만드는 가상적인 기계로 생각할 수 있다.

함수는 크게 헤더와 몸체로 나누어진다. 헤더(header)는 def 키워드로 시작한다. 이어서 함수의 이름과 매개 변수를 적어주며 끝에 콜론(:)을 찍어준다. 콜론을 찍어야 하는 이유는 인터프리터가 성급하게 해석하지 말라는 의미이다. 함수는 몸체까지 입력되어야 비로소 해석을 시작할 수 있다. 매개 변수(parameter)는 외부에서 전달되는 데이터를 함수로 전달하는 변수이다.

화면에 "안녕"을 출력하는 아주 간단한 함수를 작성해보자.

```
>>>def say_hello(name):
    print("안녕, ", name);
```

함수의 이름은 say_hello()이고 name은 매개 변수이다. 매개 변수는 외부로부터 값을 받는 특수한 변수이다. 함수의 몸체는 print() 함수를 호출하는 문장이다. 함수의 몸체(body)에는 함수가 수행하는 작업을 위한 명령어들이 들어간다.

함수는 정의되었다고 해서 바로 실행되지 않는다. 함수를 실행시키려면 다음과 같이 함수를 호출해야 한다.

```
>>>say_hello("철수")
안녕, 철수
```

함수는 여러 개의 값을 받을 수 있다. 물론 그러려면 값을 받는 매개 변수도 여러 개 있어야 한다. 매개 변수는 콤마로 구분된다.

```
>>>def say_hello(name, msg):
    print("안녕, ", name, "야, ", msg);
```

변수를 생성한 후에 함수를 호출할 때 변수를 전달해도 된다.

```
>>>name="철수"
>>>msg="어서 집에 오너라"
>>>say_hello(name, msg)
안녕, 철수야, 어서 집에 오너라
```

함수는 return 키워드를 사용해서 외부로 값을 반환할 수 있다. 예를 들어서 현재의 나이를 반환하는 get_age() 함수는 다음과 같이 정의할 수 있다.

```
>>>def get_age() :
    return 21
```

get_age() 함수를 호출해서 사용하는 예는 다음과 같다. get_age() 함수로부터 반환된 값은 변수에 저장하거나 print()를 이용하여 출력할 수 있다.

```
>>>age = get_age()
>>>print(age)
21
```

함수를 사용하면 어떤 장점이 있을까? 이것은 프로그래밍을 상당히 해보아야 실감할 수 있지만 다음과 같은 장점이 대표적이다.

- 프로그램 안에서 중복된 코드를 제거한다.
- 복잡한 프로그래밍 작업을 더 간단한 작업들로 분해할 수 있다. 각 함수들은 레고의 블록처럼 다른 함수들과 연결되어서 하나의 프로그램을 구성한다.
- 함수는 한번 만들어지면 다른 프로그램에서도 재사용될 수 있다.
- 함수를 사용하면 가독성이 증대되고, 유지 관리도 쉬워진다.

실전 예제

집 그리기 #2

함수를 만드는 보여주기 위해 마지막 절의 "집 그리기" 실습에 나오는 코드를 함수를 작성해보자. 아래와 같은 코드에서 몇 개의 명령어들을 묶어서 함수로 작성할 수 있다.

```
import turtle
t=turtle.Pen()

# 몸체를 그린다.
t.forward(100)
t.right(90)
t.forward(100)
t.right(90)
t.forward(100)
t.right(90)
t.forward(100)

t.right(90)

# 지붕을 그린다.
t.forward(100)
t.right(-120)
t.forward(100)
t.right(-120)
t.forward(100)
t.right(-120)
```

이 명령어들을 묶어서 draw_body() 함수로 작성한다.

이 명령어들을 묶어서 draw_roof() 함수로 작성한다.

위의 프로그램 코드를 함수를 사용하여 깔끔하게 정리해보자. 몸체를 그리는 코드를 모아서 함수 draw_body()로 작성하면 다음과 같다.

```
def draw_body():
    t.forward(100)
    t.right(90)
    t.forward(100)
    t.right(90)
    t.forward(100)
    t.right(90)
    t.forward(100)
```

지붕을 그리는 코드를 모아서 함수 draw_roof()로 작성하면 다음과 같다.

```
def draw_roof():
    t.forward(100)
    t.right(-120)
    t.forward(100)
    t.right(-120)
    t.forward(100)
    t.right(-120)
```

이제는 이들 함수들을 순서대로 호출하면 된다.

```
import turtle
t=turtle.Pen()

draw_body()
t.right(90)
draw_roof()
```

함수가 호출된다.

Lab | 컴퓨터 조립 비용 계산하기

파이썬으로 컴퓨터 조립 비용을 계산하는 앱을 작성해보자. "컴퓨터 조립 비용 계산" 이라는 복잡한 문제는 다음과 같은 간단한 문제들로 분해될 수 있다.

- 전체가격을 0으로 설정한다.
- CPU 가격을 계산하여 전체 가격에 더한다.
- 메인보드 가격을 계산하여 전체 가격에 더한다.
- 메모리의 가격을 계산하여 전체 가격에 더한다.
- 하드 디스크의 가격을 계산하여 전체 가격에 더한다.
- 전체 가격을 출력한다.

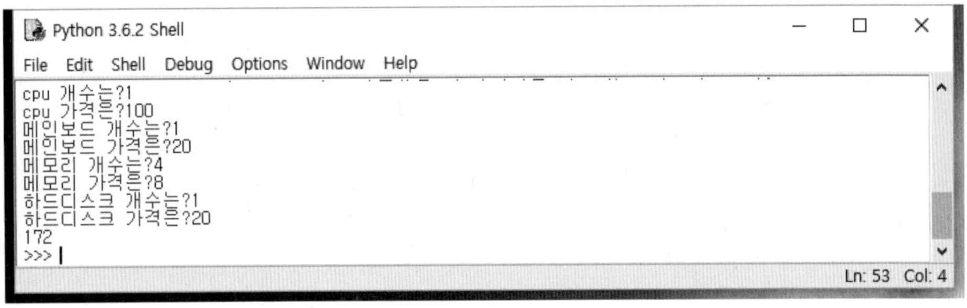

```
Python 3.6.2 Shell
File Edit Shell Debug Options Window Help
cpu 개수는?1
cpu 가격은?100
메인보드 개수는?1
메인보드 가격은?20
메모리 개수는?4
메모리 가격은?8
하드디스크 개수는?1
하드디스크 가격은?20
172
>>>
Ln: 53 Col: 4
```

Solution

컴퓨터 조립 비용 계산하기

1. 변수 만들기

사용자한테서 입력받은 값들을 앱 안에 저장하기 위하여 다음과 같은 변수를 생성한다.

변수이름	설명
total_cost	전체 조립 비용
cpu_count	CPU 개수
cpu_cost	CPU 개당 가격
board_count	메인보드 개수
board_cost	메인보드 개당 가격
memory_count	메모리 개수
memory_cost	메모리 개당 가격
disk_count	하드 디스크 개수
disk_cost	하드 디스크 개당 가격

2. 전체 가격을 0으로 설정하기

전체 가격을 나타내는 total_cost 변수의 값을 0으로 설정한다.

```
total_cost = 0
```

3. CPU 가격 계산하기

사용자에게 CPU의 개수와 CPU의 개당 가격을 물어보고 답변을 변수 cpu_count와 cpu_cost에 저장한다. (cpu_count*cpu_cost)을 계산하여 total_cost 변수에 누적한다. 다음과 같은 블록들을 사용한다.

```
cpu_count = int(input("cpu 개수는?"))
cpu_cost = int(input("cpu 가격은?"))
total_cost = total_cost + cpu_count*cpu_cost
```

4. 메인보드 가격 계산하기

사용자에게 메인보드의 개수와 메인보드의 개당 가격을 물어보고 답변을 변수

board_count와 board_cost에 저장한다. (board_count*board_cost)을 계산하여 total_cost 변수에 누적한다. 다음과 같은 블록들을 사용한다.

```
board_count = int(input("메인보드 개수는?"))
board_cost = int(input("메인보드 가격은?"))
total_cost = total_cost + board_count*board_cost
```

5. 메모리 가격 계산하기

사용자에게 메모리의 개수와 메모리의 개당 가격을 물어보고 답변을 변수 memory_count와 memory_cost에 저장한다. (memory_count*memory_cost)을 계산하여 total_cost 변수에 누적한다. 다음과 같은 블록들을 사용한다.

```
memory_count = int(input("메모리 개수는?"))
memory_cost = int(input("메모리 가격은?"))
total_cost = total_cost + memory_count*memory_cost
```

6. 하드디스크 가격 계산하기

사용자에게 하드디스크의 개수와 하드디스크의 개당 가격을 물어보고 답변을 변수 disk_count와 disk_cost에 저장한다. (disk_count*disk_cost)을 계산하여 total_cost 변수에 누적한다. 다음과 같은 블록들을 사용한다.

```
disk_count = int(input("하드디스크 개수는?"))
disk_cost = int(input("하드디스크 가격은?"))
total_cost = total_cost + disk_count*disk_cost
```

7. 전체 가격 출력하기

```
print(total_cost)
```

8. 실행 결과는 다음과 같다.

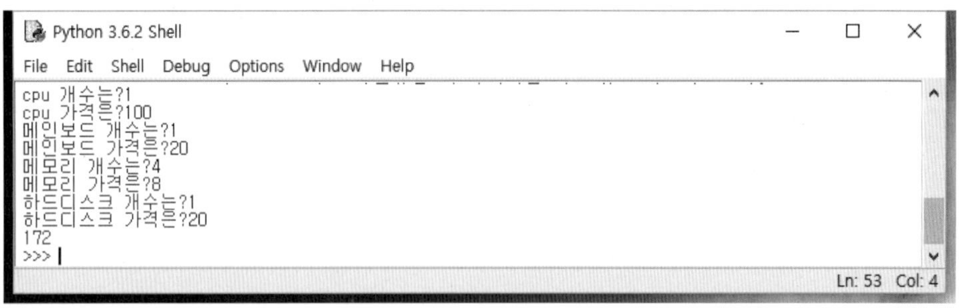

Lab 숫자 추측 게임

간단한 숫자 맞추기 게임을 실행만 해보자. 컴퓨터는 1부터 100 사이의 숫자를 하나 가지고 있다. 사용자가 이 숫자를 맞추는 게임이다.

```
Python 3.6.2 Shell
File  Edit  Shell  Debug  Options  Window  Help
안녕하세요? 이름이 어떻게 되시나요?
철수
철수님, 제가 지금 1부터 100 사이의 정수를 생각하고 있습니다
맞춰보세요:50
너무 낮습니다!
맞춰보세요:75
너무 높습니다!
맞춰보세요:63
너무 높습니다!
맞춰보세요:56
너무 높습니다!
맞춰보세요:53
너무 낮습니다!
맞춰보세요:54
너무 낮습니다!
맞춰보세요:55
철수님, 잘 하셨어요!
>>>
                                                Ln: 91  Col: 0
```

Solution

숫자 추측 게임

다음과 같은 주어진 소스를 입력하여 실행 해보자. 아니면 출판사 홈페이지에서 소스를 다운로드하여서 실행해보자. 아직 소스를 이해하지 않아도 된다.

guess_number.py

```
import random

tries = 0

print('안녕하세요? 이름이 어떻게 되시나요?')
name = input()

number = random.randint(1, 100)
print(name + '님, 제가 지금 1부터 100 사이의 정수를 생각하고 있습니다')

while tries < 10:
    guess = int(input('맞춰보세요:') )
    tries = tries + 1

    if guess < number:
        print('너무 낮습니다!')

    if guess > number:
        print('너무 높습니다!')

    if guess == number:
        break

if guess == number:
    print(name + '님, 잘 하셨어요!');
```

CHAPTER

04

PYTHON WORKBOOK

패턴인식

이번 장에서는 다음과 같은 내용을 학습합니다.

- ▶ 여러 가지 문제에서 패턴을 인식해본다.
- ▶ 패턴을 반복 블록으로 구현해본다.
- ▶ 패턴을 함수로 구현해본다.
- ▶ 문자열 처리에 대하여 살펴본다.

학습목차

Section 01

이번 장에서 학습할 내용

우리는 복잡한 문제를 관찰하고 분해하는 과정에서, 어떤 유사점과 패턴을 찾을 수도 있다. 패턴 인식(pattern recognition)은 컴퓨팅 사고의 4가지 기본 기법 중 하나이다. 패턴 인식은 분해된 작은 문제 사이의 유사성 또는 패턴을 찾는다. 패턴 인식은 우리가 복잡한 문제를 효율적으로 해결하는 데 도움이 된다. 패턴이 인식되면 이것을 반복 구조나 함수로 구현할 수 있다. 패턴은 문자열에서도 많이 나타난다. 문자열은 일련의 문자들의 모임이다. 파이썬에서는 문자열을 결합, 비교, 정렬, 조작하는 프로그램을 작성할 수 있다. 이번 장에서는 파이썬에서의 문자열 처리도 함께 살펴보자.

1. 두더지 게임을 작성해보자. 반복되는 패턴을 반복구조로 구현해보자.

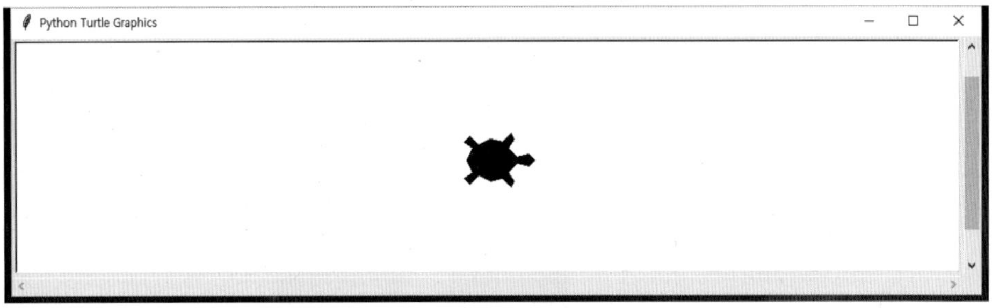

2. 패턴을 이용하여 목걸이의 가격을 계산하는 프로그램을 작성해본다.

실전 예제

두더지 게임

우리가 패턴을 인식하는 이유는 반복되는 패턴을 반복 구조나 함수로 처리하기 위해서이다. 파이썬으로 간단한 "두더지 게임"을 작성하면서 패턴 인식이 실제 프로그램 작성에서 어떻게 사용되는지 살펴보자.

두더지 게임은 여러분도 알다시피 두더지가 랜덤한 위치에 나타나고 이것을 망치로 때리는 게임이다. 우리는 화면에 두더지 대신에 거북이를 등장시킬 것이다. 또 망치대신에 거북이를 클릭하면 된다.

1. 파이썬의 IDLE를 시작하고 [File] → [New File]을 선택한다.
2. 다음과 같은 코드를 입력하고 실행해보자. 두더지 게임이 되려면 스프라이트들이 없어졌다가 일정한 시간 후에 다시 나타나야 한다. "두더지 게임"이 되려면 이 코드들이 반복적으로 실행되어야 한다. 즉 어떤 반복되는 패턴이 있어야 한다.

```
import turtle
import random

t = turtle.Pen()
t.shape("turtle")
t.shapesize(3, 3)
t.up()

x = random.randint(-300, 300)
y = random.randint(-300, 300)
t.goto(x, y)

x = random.randint(-300, 300)
y = random.randint(-300, 300)
t.goto(x, y)
```

- t.shapesize(3, 3): 거북이의 크기를 가로 3배, 세로 3배로 함
- t.up(): 펜을 올림.
- x = random.randint(-300, 300): −300과 +300 사이에서 난수를 얻음
- t.goto(x, y): 난수의 위치로 거북이를 이동시킴

위의 코드를 실행하면 다음과 같이 거북이가 화면에 나타났다가 움직인다.

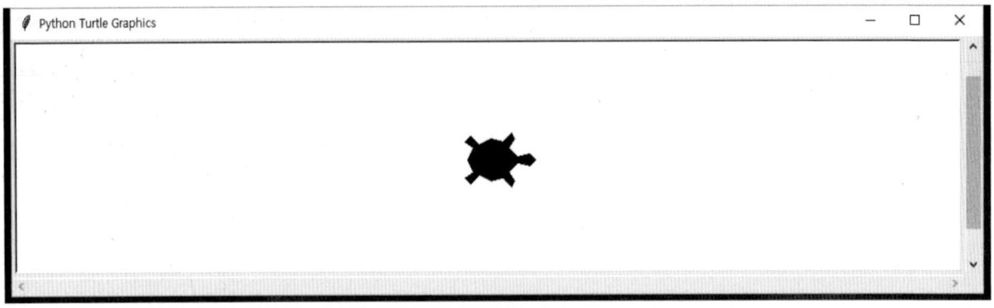

위의 코드에서 random.randint() 함수는 난수를 발생하는 함수이다. -300과 +300 사이의 난수를 발생하여 그 위치로 거북이를 이동한다.

위의 코드를 전부 이해하지 않아도 된다. 위의 코드에서 패턴을 찾을 수 있는가? 동일한 코드가 반복되는 것을 볼 수 있다. 이것은 함수로 묶을 수 있다. 동일한 코드를 함수로 묶으면 코드가 아주 간결해진다.

3. 동일한 코드를 함수로 정리하면 다음과 같다. 실행해보자.

```
import turtle
import random

t = turtle.Pen()
t.shape("turtle")
t.shapesize(3, 3)
t.up()

def show(x, y):
    x = random.randint(-300, 300)
    y = random.randint(-300, 300)
    t.goto(x, y)

t.onclick(show)
```

반복되는 코드를 함수로 정의함.

거북이가 클릭되면 click() 함수를 호출하도록 등록함.

위의 코드에서는 show(x, y)라는 함수를 정의하고 여기에 반복되는 코드를 넣었다. 또 t.onclick(click)을 호출하여서 사용자가 마우스로 거북이를 클릭하면 show() 함수가 자동으로 호출되게 한다.

실습시간

실제 게임이 될 수 있도록 점수를 계산해본다. 즉 올바르게 스프라이트를 찾아서 클릭하면 점수가 1점씩 올라가도록 해보자.

실전
예제

목걸이 비용 계산

우리가 수작업으로 목걸이를 제작한다고 가정하자. 우리의 목걸이는 진주 원석, 사파이어 원석, 목걸이줄로 구성된다. 진주 원석과 사파이어 원석은 여러 개를 사용할 수 있다. 목걸이 줄은 1미터당 1000원이다. 목걸이의 비용을 계산해보자. 이 문제는 그다지 복잡하지는 않지만 복잡한 것처럼 생각하고 다음과 같이 작은 문제들로 분해해보자.

❶ 진주 원석의 총비용을 계산한다.

❷ 사파이어 원석의 총비용을 계산한다.

❸ 목걸이줄의 총비용을 계산한다.

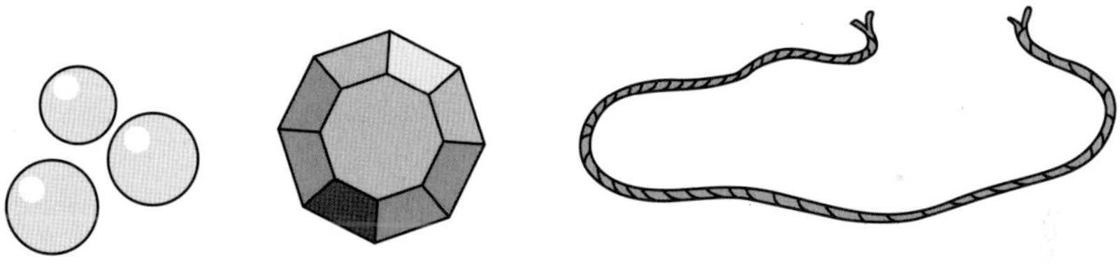

분해된 문제 ❶, ❷, ❸을 관찰해보면 모두 (1개의 가격 × 사용된 개수)와 같은 패턴이다.

❶ (진주 원석의 가격) × (진주 원석의 수)

❷ (사파이어 원석의 가격) × (사파이어 원석의 수)

❸ (1미터당 목걸이줄의 가격) × (목걸이줄의 길이)

1. 목걸이의 가격을 계산해주는 앱을 작성해보자. 파이썬의 IDLE를 시작하고 [File] → [New File]을 선택한다.

2. 동일한 패턴을 함수 calculate()로 작성한다.

```
def calculate(price, count):
    return price*count
```

3. 다음과 같은 코드를 추가한다.

```
def calculate(price, count):
    return price*count

total_cost = 0

n = int(input("진주원석의 개수는? "))
cost = int(input("진주원석의 가격은? "))
total_cost = total_cost+calculate(cost, n)

n = int(input("사파이어원석의 개수는? "))
cost = int(input("사파이어원석의 가격은? "))
total_cost = total_cost+calculate(cost, n)

n = int(input("목걸이줄 길이는(단위는 미터)? "))
cost = int(input("목걸이줄의 미터당 가격은? "))
total_cost = total_cost+calculate(cost, n)

print(total_cost)
```

4. 사용자에게 보석의 개수와 개당 가격을 질문하여서 calculate 블록을 호출한다. 전체 가격을 계산하여서 화면에 표시한다.

Section

02 파이썬에서 문자열 처리

우리는 앞에서 숫자를 처리하는 파이썬 프로그램을 살펴보았다. 컴퓨터에게는 숫자가 중요하지만 인간은 주로 문자열(string)를 사용하여 정보를 표현하고 저장하므로 문자열의 처리도 무척 중요하다. 우리가 프로그래밍을 할 때 아주 많이 접하는 문제가 문자열을 나누거나 합치고 문자열에서 특정한 단어를 검색하는 작업이다. 문자열(string)은 문자들의 순서있는 집합(sequence of characters)이다. 프로그래머가 아닌 사람들은 텍스트 데이터라고 부른다. 프로그래머들만 텍스트 데이터를 문자열(string)이라고 부른다. 전문적인 용어를 사용해야만 혼동이 없기 때문이다. 문자열은 아래 그림처럼 일렬로 나열된 문자들이다.

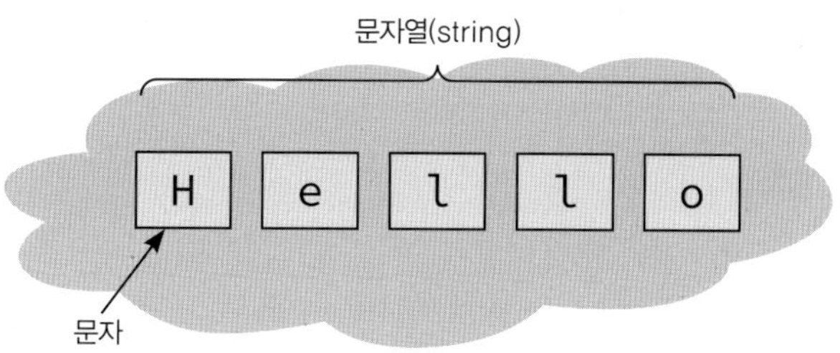

예를 들어서 "Hello"도 문자들이 모인 것이므로 문자열이다. 우리가 사용하는 일상적으로 사용하는 단어, 문장들도 프로그램에서는 문자열이 된다.

파이썬에서는 텍스트를 큰따옴표("...")로 텍스트를 감싸면 문자열이 된다. 즉 다음과 같이 문자열을 생성할 수 있다.

```
>>> "Hello"
'Hello'
```

문자열은 변수에 저장될 수 있다. 변수에 저장된 문자열을 print() 함수를 이용하여 출력할 수 있다. 아니면 그냥 변수 이름만 입력하고 엔터키를 눌러도 된다.

```
>>> greeting="Merry Christmas!"
>>> greeting
'Merry Christmas!'
```

```
>>> print(greeting)
Merry Christmas!
```

작은따옴표('...')를 사용하여도 문자열을 만들 수 있다.

```
>>> greeting='Happy Holiday!'
>>> print(greeting)
Happy Holiday!
```

그런데 왜 파이썬에서는 문자열을 나타내는데 큰따옴표와 작은따옴표를 동시에 사용할까? 문자열 안에 따옴표가 들어가는 경우를 처리하기 위해서이다. 예를 들어서 "철수가 "안녕"이라고 말했습니다." 문장을 생각해보자. "..." 형태의 문자열 안에 "..." 형태의 문자열이 포함되면 컴파일러가 혼동을 한다.

```
>>> message="철수가 "안녕"이라고 말했습니다."
SyntaxError: invalid syntax
```

따라서 이때는 "..." 형태의 문자열 안에 '...' 형태의 문자열을 넣어주면 된다.

```
>>> message="철수가 '안녕'이라고 말했습니다."
>>> print(message)
철수가 '안녕'이라고 말했습니다.
```

문자열의 연결

문자열을 연결하고 싶으면 + 연산자로 합칠 수 있다. 예를 들어서 다음과 같은 문장이 가능하다. 이것을 **문자열 접합**(string concatenation)이라고 한다.

```
>>> 'Harry ' + 'Porter'
'Harry Porter'
```

변수에 저장된 문자열도 +연산자로 합칠 수 있다.

```
>>> first_name="길동"
>>> last_name="홍"
>>> name = last_name+first_name
>>> print(name)
홍길동
```

문자열과 정수 간의 변환

+ 연산자는 2개의 문자열을 합치거나 2개의 정수를 합할 수 있지만 만약 다음과 같

이 문자열과 정수를 합치라고 하면 오류가 발생한다. 왜 그럴까?

```
>>> "Student"+26
...
TypeError: Can't convert 'int' object to str implicitly
```

여기서 "Student"는 문자열 타입이고 26은 정수 타입이다. 타입이 다른 데이터를 +로 합치려고 시도하면 오류가 발생하는 것이다. 26을 함수 str()을 이용하여 문자열로 변환한 후에 합쳐야 한다.

```
>>> "Student"+str(26)
'Student26'
```

반대로 문자열을 숫자로 변환하는 함수도 있다. 예를 들어서 문자열 "123"을 정수로 변환하려면 int(123)하면 된다. 문자열을 부동소수점으로 변환하려면 float() 함수를 사용한다.

```
>>> price = int("259000")
>>> height = float("290.54");
```

인덱싱

문자열 중에서 하나의 문자를 추출하려면 어떻게 해야 할까? 예를 들어서 암호화 프로그램에서는 문자열에서 하나의 문자를 추출하는 것이 필요하다. 인덱싱(Indexing)이란 문자열에 [과]을 붙여서 문자를 추출하는 것이다. [과] 사이에는 인덱스라는 숫자가 들어간다. 인덱스(index)는 문자열에 포함된 각각의 문자에 매겨진 번호이다. 예를 들어서 문자열 "Python"에서 각 문자의 인덱스는 다음과 같다.

P	y	t	h	o	n
0	1	2	3	4	5

첫 번째 문자의 인덱스는 0이다. 두 번째 문자는 1이고 세 번째 문자는 2가 된다. 인덱스에서 혼동하기 쉬운 부분이 0부터 시작한다는 점이다. 1부터 시작되는 것이 아니다.

```
>>> word = 'Python'
>>> word[0]
'P'
>>> word[5]
'n'
```

인덱스는 음수가 될 수 있다. 이것은 파이썬의 특별한 기능이다. 인덱스가 음수가 되면 오른쪽에서 왼쪽으로 번호가 매겨진다.

P	y	t	h	o	n
0	1	2	3	4	5
-6	-5	-4	-3	-2	-1

```
>>> word = 'Python'
>>> word[-1]
'n'
>>> word[-6]
'P'
```

−0은 0과 동일하기 때문에 음수 인덱스는 −1부터 시작한다.

Lab

약어 만들기

사용자에게 단어 3개를 입력받아서 약자(acronym: 몇 개 단어의 머리글자로 된 말)를 만들어 보자. 예를 들어서 'OST'도 Original Sound Track의 약자이다. 이 예제는 소스 파일로 작성하여 실행해보자.

```
첫 번째 단어를 입력해주세요: Original
두 번째 단어를 입력해주세요: Sound
세 번째 단어를 입력해주세요: Track
OST
```

Solution

acronym.py

```python
word1 = input('첫 번째 단어를 입력해주세요: ')
word2 = input('두 번째 단어를 입력해주세요: ')
word3 = input('세 번째 단어를 입력해주세요: ')
acronym = word1[0] + word2[0] + word3[0]
print(acronym)
```

실전 예제

피그 라틴 암호 만들기

어린이들의 말장난 중의 하나인 피그 라틴(pig latin) 암호문을 만들어보자. 피그 라틴은 맨 앞의 자음을 어미로 돌리고 그 뒤에 "ay"를 붙이는 일종의 말장난이다. 예를 들어서 boy는 oy+b+ay→oybay가 된다. happy는 appyhay가 된다.

사용자로부터 문자열을 받아서 피그 라틴 방법으로 암호화된 문자열을 출력하는 응용 프로그램을 작성해보자.

```
단어를 입력하시오: boy
oybay
```

코드는 다음과 같다.

```
word = input("단어를 입력하시오: ")
first = word[0]
new_word = word[1:] + first + "ay"
print(new_word)
```

사용자로부터 단어를 받아서 word 변수에 저장한다. word에는 문자열이 저장되어 있다. 문자열의 맨 처음 글자를 first 변수에 저장한다. 남은 글자에다 첫 번째 글자를 더하고 "ay"를 붙이면 된다. 첫 번째 글자가 자음인지를 확인하는 코드가 필요하지만 우리가 아직 선택 구조를 학습하지 않았으므로 생략하였다.

실전 예제 빈도를 이용한 암호해독

우리는 글자들이 나타나는 빈도를 이용하여서 아래와 같은 기호로 된 암호문을 해독할 수 있다. 연습삼아서 다음과 같은 암호문을 글자 빈도만을 가지고 해독해보자.

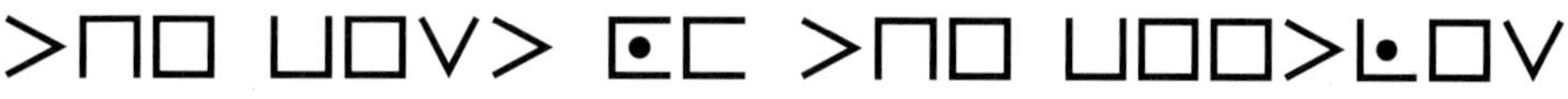

평문에서의 알파벳 빈도는 암호문에서의 알파벳 빈도와 일치하기 때문에 암호문에서 빈번하게 나타나는 문자를 분석하면 대략적인 평문을 만들어 낼 수 있다. 아래는 일반 영어 문장에서 사용되는 알파벳의 빈도이다.

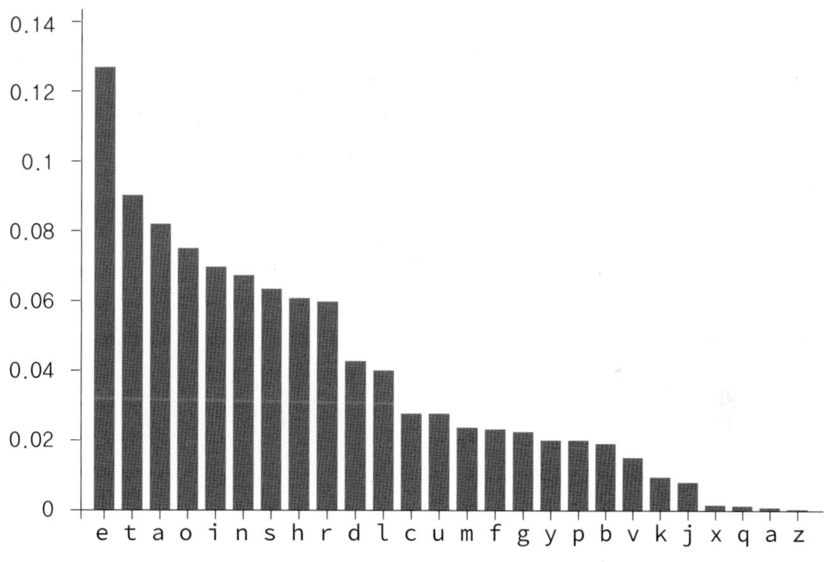

- E는 가장 일반적인 문자이고, q와 z는 가장 적게 나오는 문자들이다.
- 단일 문자 단어는 A 또는 I일 가능성이 높다.
- 반복되는 문자는 EE, SS, OO, LL 또는 TT일 가능성이 높다.

1. 가장 많이 나타나는 글자는 e이다. 19기호 중에서 5개의 기호가 동일하다. 아마 e일 것이다. 그러면 다음과 같이 된다.

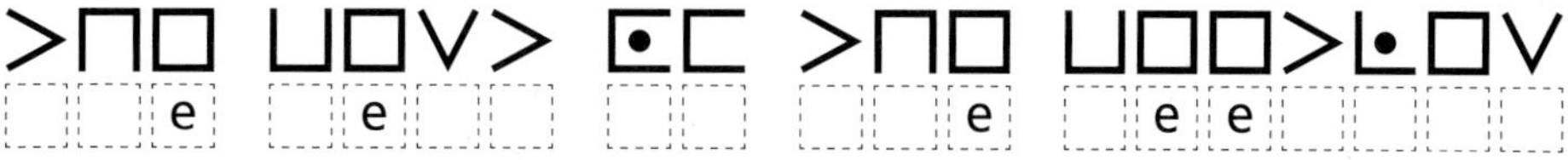

2. 영어에서 가장 많이 나오는 3글자 단어는 “the”이다. 따라서 첫 번째 단어는 “the”일 가능성이 매우 높다.

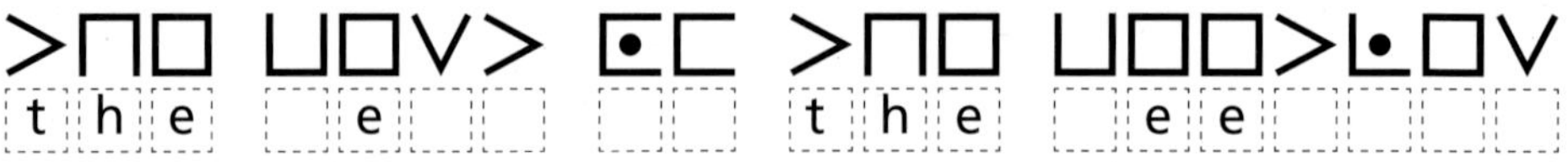

3. 영어에서 아주 많이 나오는 2글자 단어는 “of”이다. 따라서 중간의 단어는 “of”일 가능성이 매우 높다.

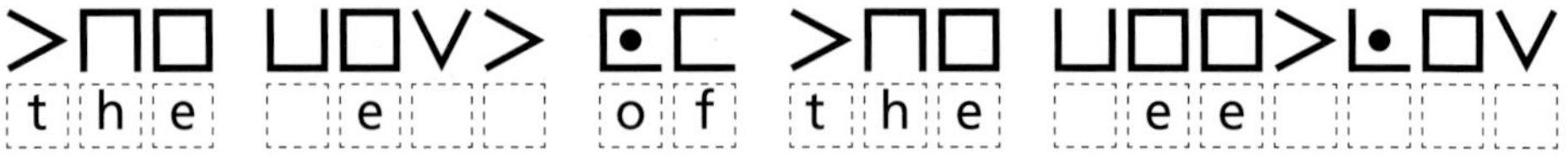

4. 여기서부터는 사실 데이터가 더 필요하다. 정답은 다음과 같다.

the best of the beetles

실전 예제

하노이탑

"하노이 탑"이라는 게임이 있다. 이 게임에서는 왼쪽 막대기에 쌓인 디스크를 가장 오른쪽 막대기로 옮기면 된다.

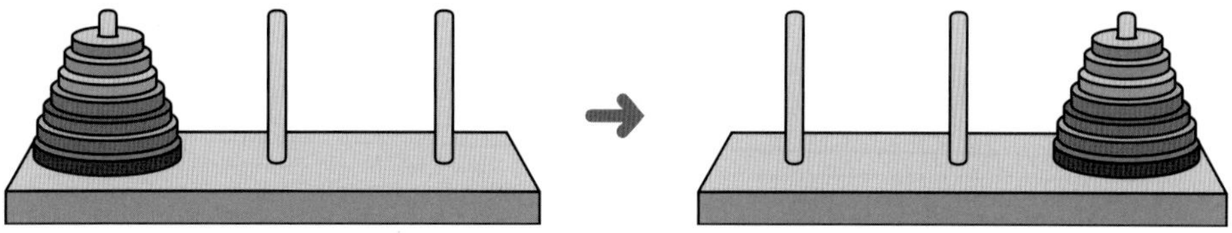

스크래치를 통하여 하노이 탑에서의 패턴을 찾아보자.

하노이 탑 문제를 해결할 때 따라야하는 규칙은 다음과 같다.

- 한 번에 하나의 디스크 만 이동할 수 있다.
- 각 이동은 스택 중 하나에서 상위 디스크를 가져 와서 다른 스택 맨 위에 놓는 것이다. 즉, 디스크가 스택의 최상위 디스크인 경우에만 디스크를 이동할 수 있다.
- 작은 디스크 위에는 큰 디스크를 놓으면 안 된다.

1. 파이썬의 IDLE를 시작하고 [File] → [New File]을 선택한다.
2. 다음과 같은 코드를 입력한다. 아직 선택 구조를 학습하지 않았으므로 아래 소스를 이해하지 않아도 된다. 입력하여 실행만 해보자.

```
def hanoi_tower(height, from_pole, to_pole, temp_pole):
    if height >= 1:
        hanoi_tower(height-1,from_pole,temp_pole,to_pole)
        move_disk(from_pole,to_pole)
        hanoi_tower(height-1,temp_pole,to_pole,from_pole)

def move_disk(from_pole, to_pole):
    print(from_pole,"에서",to_pole, "로 디스크를 이동한다")

hanoi_tower(3,"A","B","C")
```

위의 소스에는 함수 안에서 자기 자신을 호출하는 부분이 있다. 이것을 재귀호출이라고 한다.

3. F5키를 눌러서 코드를 실행한다. 패턴을 관찰해보자.

```
A에서 B로 디스크를 이동한다
A에서 C로 디스크를 이동한다
B에서 C로 디스크를 이동한다
A에서 B로 디스크를 이동한다
C에서 A로 디스크를 이동한다
C에서 B로 디스크를 이동한다
A에서 B로 디스크를 이동한다
```

CHAPTER

05

PYTHON WORKBOOK

추상화

이번 장에서는 다음과 같은 내용을 학습합니다.

▶ 컴퓨팅 사고 중에서 추상화에 대하여 실습해본다.

▶ 추상화를 이용하여 몇 개의 게임을 작성해본다.

학습목차

01 이번 장에서 학습할 내용

추상화(abstraction)는 컴퓨팅 사고로 문제를 해결하는 중요한 단계 중의 하나이다. 추상화는 불피요한 세부 사항을 제거하는 것이며 일반적인 개념을 형성하는 과정이기도 하다. 이번 장에서는 컴퓨터 사고 중에서 추상화 개념을 실습하기 위해서는 몇 개의 게임을 추상화 과정을 거쳐서 작성해본다.

1. 자유 낙하 시뮬레이션을 실행해보자.

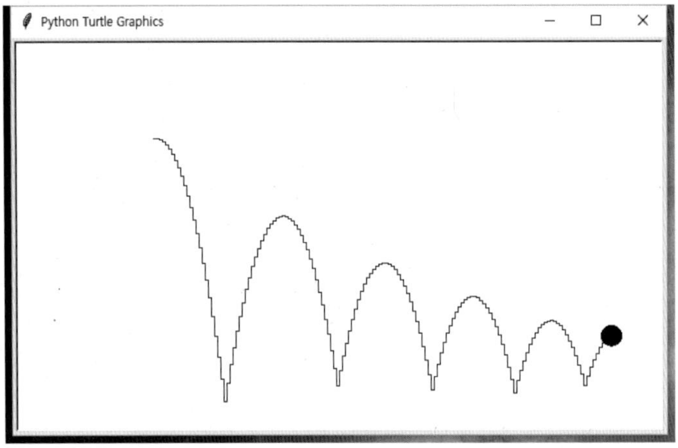

2. 추상화를 이용하여 "앵그리 공" 게임을 만들어보자.

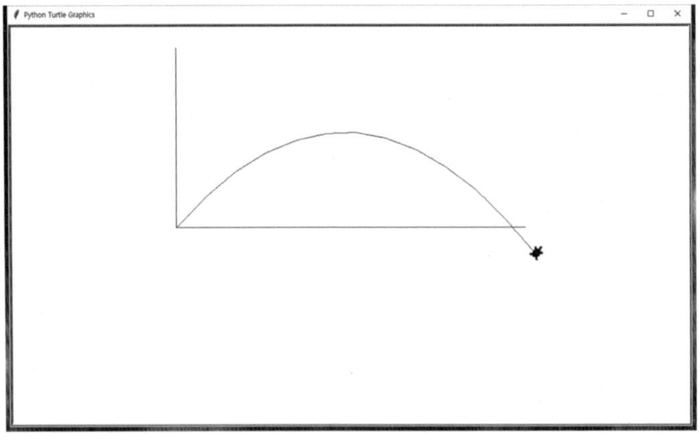

02 추상화란?

추상화(abstraction)는 컴퓨팅 사고의 네 가지 기본 요소 중 하나이다. 추상화는 우리가 하는 일에 집중하기 위해 필요하지 않은 특징을 걸러내는 과정이다. 또한 불필요한 세부 정보를 필터링하는 것이다. 추상화 과정을 거치면 우리가 해결하려고 노력하고 있는 문제의 모델(model)을 생성할 수 있다.

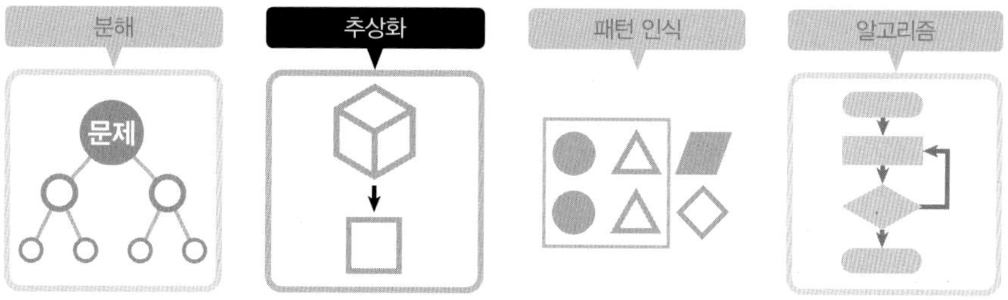

추상화가 잘되어 있으면 유사한 문제에 대한 일반적인 해결 기술을 얻을 수 있다. 패턴 인식과 추상화는 아이디어나 처리과정을 일반적인 변수로 표현할 수 있게 한다. 따라서 유사한 다른 문제를 해결할 때도 사용할 수 있다.

컴퓨터 과학에서 추상화(abstraction)는 2가지의 과정을 의미한다.

- 문제를 쉽게 해결하기 위하여 불필요한 세부 사항을 제거하는 기법이다.
- 복잡한 시스템의 구체적인 예로부터 공통적인 특성을 추려내서 일반적인 개념을 형성하는 과정이다. 이것을 일반화(generalization)이라고도 한다.

Section 03 조건문과 반복문의 간단한 소개

이번 절에서는 간단하게 조건문과 반복문을 소개한다. 만약 이 부분이 이해하기 어렵다면 건너뛰어도 된다. 이번 장의 첫 부분에서 프로그램은 컴퓨터에게 작업의 절차를 지시하는 작업 지시서라고 하였다. 예를 들어서 화씨온도를 섭씨온도로 변환하는 연산을 한 후에 결과를 출력하는 프로그램이라면 다음과 같이 필요한 명령어를 나열하여서 프로그램을 작성할 수 있다.

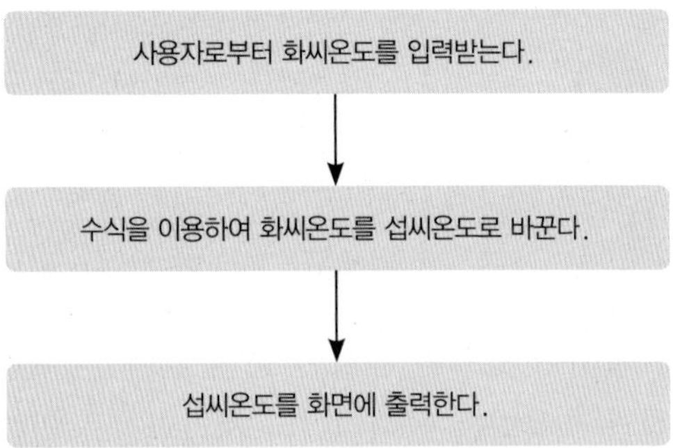

위의 프로그램에서는 명령어들이 순서대로 나열되었다. 명령어를 이렇게 단순하게 나열만 해서는 복잡한 작업을 할 수 없다. 이것은 마치 날씨를 무시하고 항상 똑같은 옷만 입는 사람과 비슷하다.

조건문

조건에 따라서 서로 다른 명령어들이 실행될 수 있어야 보다 스마트한 프로그램이 가능하다. 예를 들면 날씨에 따라서 옷을 선택해주는 프로그램은 다음과 같이 작성할 수 있을 것이다.

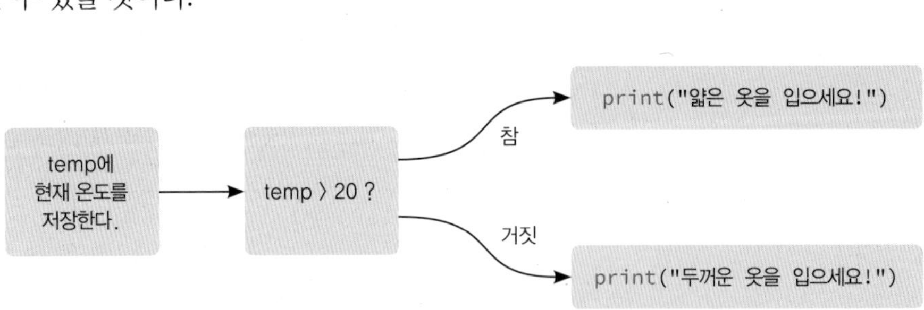

현재 온도에 따라서 서로 다른 출력이 가능하다. 이것은 마치 열차가 선로를 선택하는 것과 비슷하다. 열차를 컴퓨터라고 생각하자. 조건에 따라서 컴퓨터가 실행하는 명령어가 달라지는 것이다.

이러한 구조를 조건문이라고 한다. 조건문은 차후에 자세히 학습하겠지만 일단은 간단하게라도 알아놓자. 파이썬에서는 다음과 같이 if-else를 사용하여 조건문을 만들 수 있다.

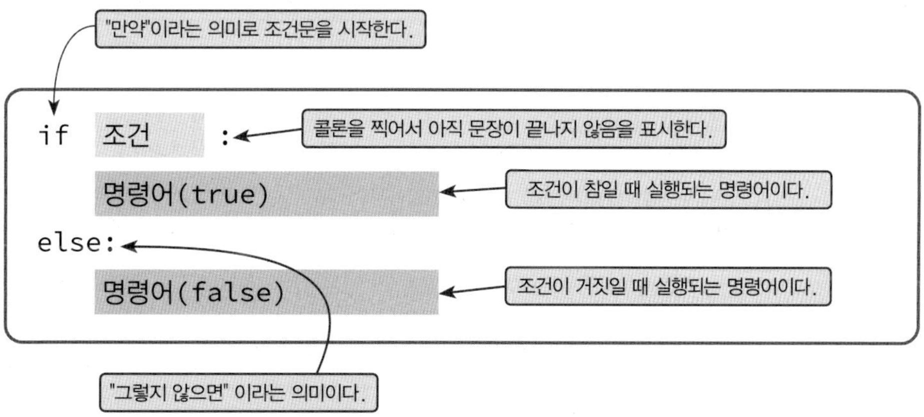

예를 들면 날씨에 따라서 옷차림을 추천해주는 프로그램은 다음과 같이 작성할 수 있을 것이다.

```
temp = 10

if temp > 20 :
    print("얇은 옷을 입으세요!")        # 반드시 탭으로 들여쓰기 하여야 한다.
else:
    print("두꺼운 옷을 입으세요!")      # 반드시 탭으로 들여쓰기 하여야 한다.
```

이것은 주석으로 설명글이다.

여기서는 현재 온도가 10도 라고 가정하였다. “temp > 20”은 “temp 변수의 값이 20보다 크면” 이라는 의미이다. 위의 프로그램을 실행하면 다음과 같은 결과가 나온다.

```
얇은 옷을 입으세요!
```

반복문

프로그래밍에서는 반복을 해주는 구조도 필요하다. 어떤 상황에서는 동일한 코드를 여러 번 실행하여야 하는 경우가 있다. 이것을 반복문이라고 한다. 예를 들어서 열차는 선로 신호기가 “stop”으로 되어 있으면 기다려야 한다.

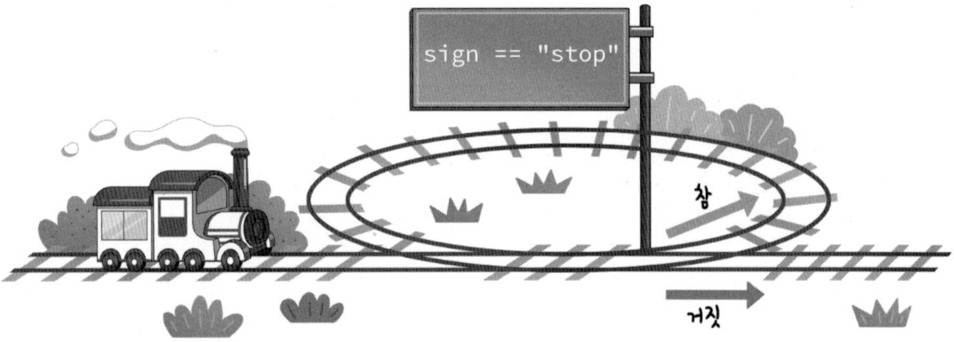

이러한 구조를 반복문이라고 한다. 반복문은 차후에 자세히 학습하겠지만 일단은 간단하게라도 알아놓자. 파이썬에서는 다음과 같이 while을 사용하여 반복문을 만들 수 있다.

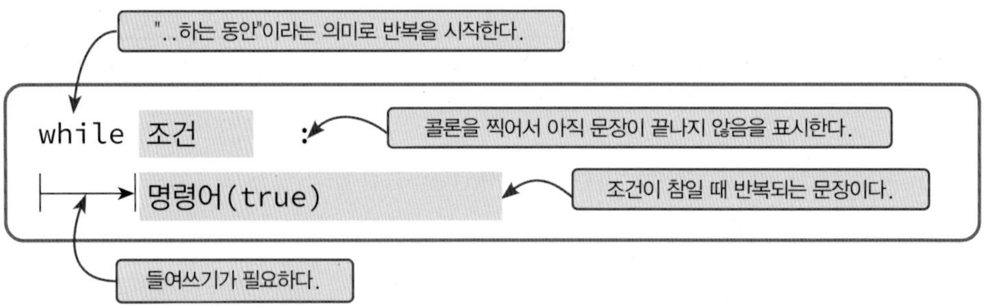


```
sign = "stop"

while sign == "stop":
    sign = input("현재 신호를 입력하시오: ")    # 반복되는 부분은 들여쓰기
print("OK! 진행합니다.")
```

```
현재 신호를 입력하시오: stop
현재 신호를 입력하시오: stop
현재 신호를 입력하시오: stop
현재 신호를 입력하시오: stop
현재 신호를 입력하시오: stop
현재 신호를 입력하시오: go
OK! 진행합니다.
```

sign이라는 변수를 "stop" 텍스트로 초기화한다. 반복하면서 사용자에게 현재 신호를 입력하게 한다. 파이썬에서는 input()를 이용하면 사용자의 입력을 받을 수 있다. 사용자가 입력한 신호는 sign 변수에 저장된다. 반복문을 사용하여 sign 변수가 "stop"이면 계속 반복하면서 기다린다. sign 변수가 "stop"이 아니면 반복을 벗어난다. 파이썬에서 값이 같은지 비교할 때는 이중 등호(==)를 사용한다. 단일 등호(=)는 변수에 값을 저장할 때 사용한다. 주의하도록 하자. 우리는 간단하게 조건문과 반복문을 학습하였다. 우리는 6장과 7장에서 조건문과 반복문을 완벽하게 학습할 것이다.

실전 예제

주사위 던지기

파이썬을 이용하여서 주사위를 던지는 프로그램을 작성해보자.

```
주사위의 값= 2
주사위의 값= 3
주사위의 값= 3
주사위의 값= 2
주사위의 값= 2
주사위의 값= 6
```

주사위를 던지는 프로그램을 작성하려면 난수를 생성하는 작업이 필요하다. 난수 생성을 위하여 random이라는 모듈을 포함시킨다.

```
import random
```

그리고 주사위를 한번 던지는 작업을 함수로 작성하자. 주사위 던지는 작업이 필요하면 이 함수를 호출하면 된다.

```
def rollDice():
    face = random.randint(1, 6)
    return face
```

1부터 6 사이의 난수를 발생하려면 random.randint(1, 6)과 같이 적어준다.

자 이제 6번 주사위를 던지는 부분을 구현하면 된다. 이것을 다음과 같이 rollDice()를 6번 호출하여도 된다.

```
print("주사위의 값=", rollDice())
print("주사위의 값=", rollDice())
print("주사위의 값=", rollDice())
print("주사위의 값=", rollDice())
print("주사위의 값=", rollDice())
print("주사위의 값=", rollDice())
```

전체 소스는 다음과 같다.

```
import random
```

```
def rollDice():
    face = random.randint(1, 6)
    return face

print("주사위의 값=", rollDice())
print("주사위의 값=", rollDice())
print("주사위의 값=", rollDice())
print("주사위의 값=", rollDice())
print("주사위의 값=", rollDice())
print("주사위의 값=", rollDice())
```

반복문을 사용하면 더 깔끔한 코드를 만들 수 있다.

```
import random

def rollDice():
    face = random.randint(1, 6)
    return face

i = 0
while i < 6:
    print("주사위의 값=", rollDice())
    i = i + 1
```

실전 예제

물체 낙하 시뮬레이션

공이 높은 곳에서 떨어지는 시뮬레이션을 만들어보자. 공이 낙하할 때는 바람의 영향도 받지만 이러한 것들은 생략하고 중력가속도만을 고려해서 시뮬레이션을 만들어본다.

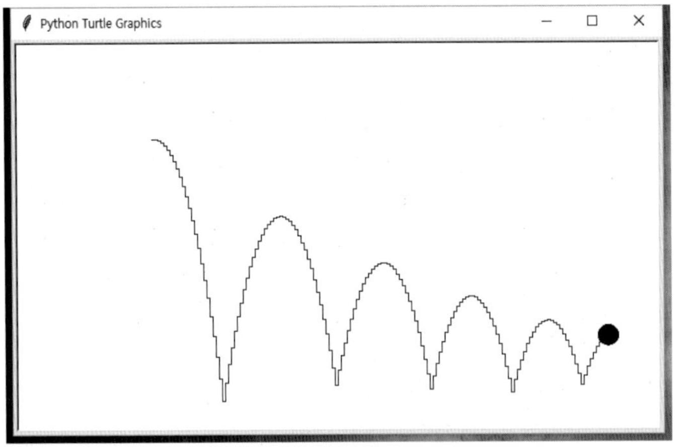

위의 시뮬레이션을 만드는 코드는 다음과 같다. 일단은 아래의 소스를 입력하고 실행해보자. xvel와 yvel 변수의 초기값을 변경하면서 프로그램을 실행해본다.

```
import turtle

ball = turtle.Pen()
ball.shape("circle")
ball.up()

xvel = 3
yvel = 0
ball.goto(-186, 97)
ball.down()

time = 0
while time < 150:
    if ball.ycor() < -140:
        yvel = yvel *(-0.8)
    ball.setx(ball.xcor()+xvel)
    ball.sety(ball.ycor()+yvel)
```

```
    yvel = yvel -1
    time = time + 1
```

이제 한 줄씩 자세히 분석해보자. 우선 어떤 부분에서 추상화가 사용되었을까? 공이 튀어 오르거나 전진할 때는 공기의 저항이 있다. 공기의 저항은 중력에 비하여 약하기 때문에 무시한다.

1. 터틀 그래픽을 사용하므로 turtle 모듈을 포함시키고 커서의 모양을 공 모양으로 한다. 펜은 들어올린다.

```
import turtle

ball = turtle.Pen()
ball.shape("circle")

ball.up()
```

2. 변수를 초기화한다. 공을 (-186, 97) 위치로 이동한다. 펜을 내린다.

```
xvel = 3
yvel = 0
ball.goto(-186, 97)
ball.down()
```

xvel와 yvel 변수는 각각 수평방향 속도와 수직방향 속도를 나타낸다. 현재 수평방향 속도는 3으로 항상 일정하다고 가정하고 있다. 수직 방향의 속도는 0인데 시간이 흘러가면 중력 가속도의 영향 때문에 –값이 될 것이다.

3. 반복문을 이용하여 시간이 증가되었을 때 공의 위치를 계산하고 이를 터틀 그래픽으로 그린다.

```
time = 0
while time < 150:
    if ball.ycor() < -140:
        yvel = yvel *(-0.8)
    ball.setx(ball.xcor()+xvel)
    ball.sety(ball.ycor()+yvel)
    yvel = yvel - 1
    time = time + 1
```

x 변수는 시간을 나타낸다. x가 150보다 작을 때까지 반복 실행한다. 공의 y좌표가

−140을 넘어가면 바닥에서 반사되는 것으로 생각하여서 y방향 속도를 이전 속도의 −80%로 설정된다. 즉 바닥에서 튀어 오르는 것을 모델링하고 있는 것이다. 한번 반복할 때마다 y방향 속도는 1씩 감소한다. x방향 속도는 변경되지 않는다. 한번 반복할 때마다 시간을 나타내는 변수 x는 증가된다.

실전
예제

게임에서의 추상화(앵그리 공게임)

게임을 제작할 때도 많은 추상화 기법이 사용된다. 예를 들어서 공을 떨어뜨리는 게임을 생각해보자. 현실 세계에서 공을 위에서 떨어뜨리면 중력, 바람, 공기 저항 등의 많은 점을 고려해야 한다. 그러나 공기 저항은 중력에 비하여 상대적으로 작다. 따라서 우리는 컴퓨터 게임을 작성할 때 공기 저항을 무시하고 프로그래밍을 할 수 있는 것이다. 앵그리버드나 대포 게임과 같이 공(포탄)를 발사하는 게임을 작성해보자. 여기서 이런 게임에서 어떻게 알고리즘을 만들 것인지 고민하여 보자. 이 게임에서는 공을 발사하여서 초기 속도와 초기 각도에 의하여 비행하다가 목표물에 맞으면 성공이다.

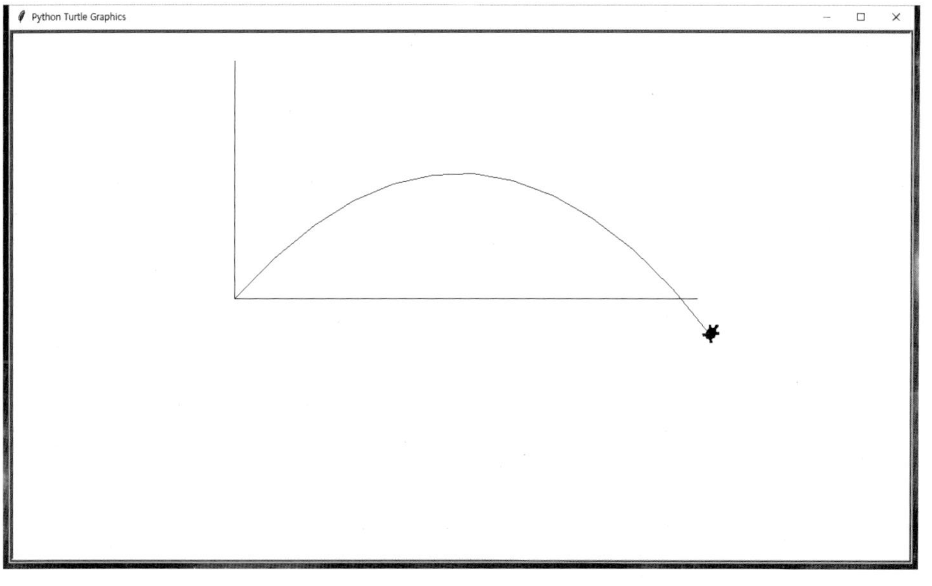

위의 시뮬레이션을 만드는 코드는 다음과 같다. 일단은 아래의 소스를 입력하고 실행해보자. 프로그램을 실행해본다. 왼쪽 화살표와 오른쪽 화살표를 이용하여 발사 각도를 조절한 후에 스페이스키를 눌러서 거북이를 발사해보자.

```
import turtle
import math

def turnleft():
    player.left(5)                                  # 왼쪽으로 5도 회전
```

```
def turnright():
    player.right(5)                                    # 오른쪽으로 5도 회전

def fire():
    x = player.xcor()
    y = player.ycor()
    velocity = 80                                      # 초기속도 80픽셀/sec
    angle = player.heading()                           # 초기각도
    vx = velocity * math.cos(angle * 3.14 / 180.0) # 도 -> 라디안
    vy = velocity * math.sin(angle * 3.14 / 180.0) # 도 -> 라디안
    while player.ycor() >= 0 :                         # y좌표가 음수가 될때까지
        vx = vx
        vy = vy - 10
        x = x + vx
        y = y + vy
        player.goto(x, y)

player = turtle.Pen()
player.shape("turtle")
screen = player.getscreen()

screen.onkeypress(turnleft, "Left")
screen.onkeypress(turnright, "Right")
screen.onkeypress(fire, "space")

player.goto(+300, 0)
player.goto(-300, 0)
player.goto(-300, 300)
player.goto(-300, 0)
screen.listen()
```

이제 한 줄씩 자세히 분석해보자.

1. 터틀 그래픽을 사용하므로 turtle 모듈을 포함시킨다. 또 싸인 함수와 코싸인 함수를 사용해야 하므로 math 모듈도 포함한다.

```
import turtle
import math
```

2. 왼쪽 화살표키가 눌려지면 호출되는 함수 turnleft()를 작성한다. 또 오른쪽 화살표키가 눌려지면 호출되는 함수 turnright()를 작성한다. 함수 안에서는 거북이를 왼쪽이나 오른쪽으로 5도 회전시킨다.

```
def turnleft():
    player.left(5)                  # 왼쪽으로 5도 회전

def turnright():
    player.right(5)                 # 오른쪽으로 5도 회전
```

3. 사용자가 스페이스키를 누르면 호출되는 함수 fire()를 작성한다. 모든 중요한 작업은 이 함수 안에서 이루어진다.

```
def fire():
    x = player.xcor()
    y = player.ycor()
    velocity = 80                                      # 초기속도 50픽셀/sec
    angle = player.heading()                           # 초기각도
    vx = velocity * math.cos(angle * 3.14 / 180.0) # 도 -> 라디안
    vy = velocity * math.sin(angle * 3.14 / 180.0) # 도 -> 라디안
    while player.ycor() >= 0 :                         # y좌표가 음수가 될때까지
        vx = vx
        vy = vy - 10
        x = x + vx
        y = y + vy
        player.goto(x, y)
```

먼저 거북이의 x좌표와 y좌표를 얻어서 변수 x와 y에 저장한다. 초기속도를 80으로 설정한다. 현재 거북이의 각도를 heading() 함수를 호출하여서 얻어온다.

```
x = player.xcor()
y = player.ycor()
velocity = 80                       # 초기속도 80픽셀/sec
angle = player.heading()            # 초기각도
```

초기속도로부터 수평속도와 수직속도를 얻는다. 이것은 삼각함수인 cos()과 sin() 함수를 이용한다.

```
vx = velocity * math.cos(angle * 3.14 / 180.0)     # 도 -> 라디안
vy = velocity * math.sin(angle * 3.14 / 180.0)     # 도 -> 라디안
```

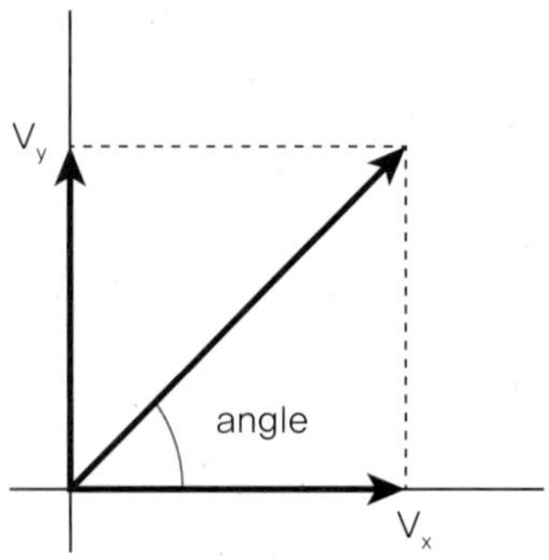

거북이의 y좌표가 0보다 클 때까지 아래와 같은 코드를 반복한다.

```
while player.ycor() >= 0 :                    # y좌표가 음수가 될때까지
    vx = vx
    vy = vy - 10
    x = x + vx
    y = y + vy
    player.goto(x, y)
```

반복 루프 안에서는 수평방향 속도는 변경하지 않는다. 수직방향 속도는 10씩 감소한다. 그리고 현재의 위치에 수평방향 속도와 수직방향 속도가 더해진다. 흘러간 시간을 1초라고 생각하면 다음과 같은 수식을 사용하고 있는 것이다.

```
현재위치 = 이전위치+속도*시간 = 이전위치+속도*1초 = 이전위치+속도
```

위치가 업데이트되면 거북이를 새로운 위치로 이동시킨다.

4. 초기화 작업을 하고 키에 함수를 매핑한다. 주석을 참조한다.

```
player = turtle.Pen()
player.shape("turtle")                        # 커서의 모양을 거북이로 한다.
screen = player.getscreen()                   # 터틀 그래픽과 연관된 화면을 얻는다.
screen.onkeypress(turnleft, "Left")           # 왼쪽화살표 키가 눌리면 turnleft() 호출
screen.onkeypress(turnright, "Right")         # 오른쪽화살표 키가 눌리면 turnright() 호출
screen.onkeypress(fire, "space")              # 스페이스 키가 눌리면 fire() 호출

player.goto(+300, 0)                          # x축과 y축을 화면에 그린다.
player.goto(-300, 0)
player.goto(-300, 300)
player.goto(-300, 0)
screen.listen()                               # 사용자가 키를 누르는 것을 기다린다.
```

CHAPTER

06

PYTHON WORKBOOK

알고리즘 I

이번 장에서는 다음과 같은 내용을 학습합니다.

- ▶ 알고리즘의 개념을 살펴본다.
- ▶ 알고리즘을 기술하는 방법을 살펴본다.
- ▶ 순서도를 학습한다.
- ▶ 선택구조를 학습한다.

학습목차

Section

01 이번 장에서 학습할 내용

알고리즘은 컴퓨팅 사고의 중요한 부분이다. 알고리즘은 어떤 문제를 해결하기 위한 단계적인 지침이다. 컴퓨팅 사고의 최종 결과물이 알고리즘이라고 할 수 있다. 이 장에서는 다음과 같은 응용 프로그램을 작성해본다.

1. 초등학생들에게 수학을 가르칠 수 있는 프로그램을 작성해보자.

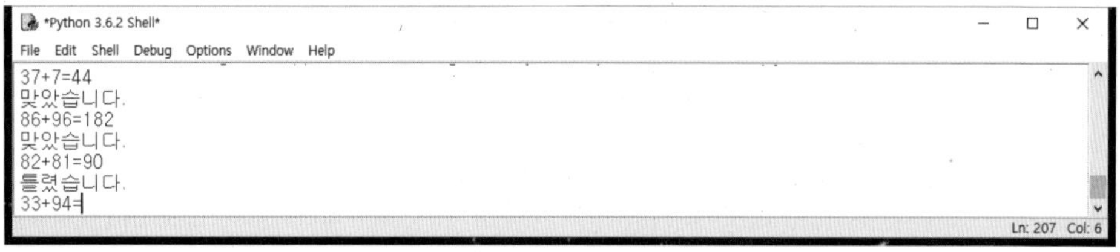

2. 최대 공약수를 계산하는 프로그램을 작성해보자.

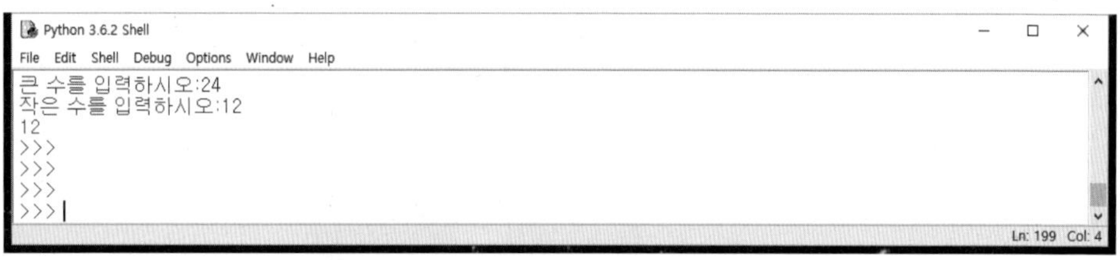

02 3가지의 제어구조

우리가 알고리즘을 작성할 때, 사용할 수 있는 3가지의 기본적인 제어 구조가 있다.

- 순차 구조(sequence) - 명령어들이 순차적으로 실행되는 구조이다.
- 선택 구조(selection) - 둘 중의 하나의 명령어를 선택하여 실행되는 구조이다.
- 반복 구조(iteration) - 동일한 명령어가 반복되면서 실행되는 구조이다.

아래 그림은 순차 구조, 선택 구조, 반복 구조를 순서도(flowchart)로 나타낸 것이다.

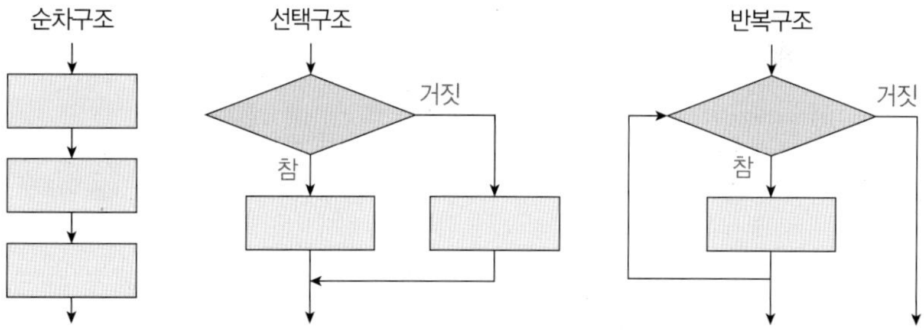

가장 간단한 실행 모델은 순차 구조이다. 순차 구조에서는 첫 번째 명령어부터 시작하여 실행하고 다음 명령어로 이동하는 패턴이 프로그램이 끝날 때까지 계속된다. 순차 구조의 각 명령어들은 건너뛰지 않고 순서대로 실행된다. 하지만 순차 구조만 가지고서는 많은 작업을 할 수 없다. 예를 들어서 에어컨에 내장된 프로그램의 경우에, 온도가 높으면 에어콘을 켜고 온도가 낮으면 에어콘을 끄는 작업이 필요하다. 즉 어떤 조건을 검사하여, 그 결과값을 기반으로 의사 결정을 내릴 수 있는 제어 구조가 필요한 것이다. 이것이 바로 선택 구조이고 이번 장에서는 자세하게 살펴본다(이제까지 우리는 이미 많은 선택 구조를 사용하였다).

Section 03 선택 구조

우리가 문제를 해결할 때 어떤 조건에 따라서 두 개 또는 여러 개의 실행 경로 가운데 하나를 선택해야 하는 경우가 종종 있다. 예를 들어 겨울에 눈이 오면 대중교통을 이용하고 눈이 오지 않으면 자가용으로 출근한다. 이것을 순서도로 그리면 아래 그림과 같다.

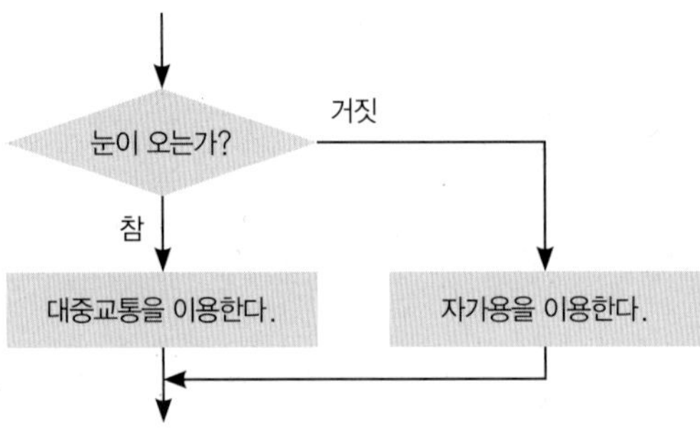

프로그램도 외부에서 들어오는 정보에 따라서 많은 선택을 하게 된다. 이런 식으로 조건에 따라 결정을 내리는 문장을 조건문이라고 한다. if-else 문은 조건에 따라서 2개 중에서 하나를 선택해야 하는 경우에 사용되는 문장이다.

예를 들어 성적이 60점 이상이면 합격으로, 60점 미만이면 불합격으로 처리해야 한다고 하자. 파이썬으로는 다음과 같이 작성할 수 있다.

```
if score > 60:
    print("합격입니다.");
else
    print("불합격입니다.");
```

if-else 문은 주어진 조건식을 계산하여 조건식이 참(true)으로 계산되면 if 아래에 있는 문장을 실행한다. 만약 거짓이면 else 아래에 있는 문장을 실행한다. 조건의 영향을 받는 문장은 반드시 들여쓰기 하여야 한다. 조건식 뒤에는 콜론(:)이 있다. 콜론(:)은 파이썬 인터프리터에게 "아직 전체 문장을 끝나지 않았으니 잠시 해석을 미뤄달라"고 요청하는 기호이다.

Section 04 관계 연산자

관계 연산자(relational operator)는 두 개의 피연산자를 비교하는데 사용된다. 예를 들면 "변수 x가 변수 y보다 큰지"를 따지는데 사용된다. 관계 연산자의 결과는 참(True) 아니면 거짓(False)으로 계산된다. C에서는 <표 1>과 같은 6가지의 관계 연산자를 사용한다.

표 3.1 관계 연산자

연산	의미
x == y	x와 y가 같은가?
x != y	x와 y가 다른가?
x 〉 y	x가 y보다 큰가?
x 〈 y	x가 y보다 작은가?
x 〉= y	x가 y보다 크거나 같은가?
x 〈= y	x가 y보다 작거나 같은가?

관계 수식은 참이나 거짓이라는 값을 생성한다. (100 > 1)라는 관계식을 예로 들어보자. 100이 1보다 크기 때문에 이 수식은 참(True)을 생성한다. (1 > 100) 수식은 1이 100보다 크지 않으므로 이 수식은 거짓(False)을 생성한다. 파이썬에서는 참과 거짓을 True와 False 기호로 나타낸다.

```
>>> 2 == 2
True
>>> 2 == 3
False
```

문자열에 대해서도 관계 연산자를 적용할 수 있다.

```
>>> 'hello' == 'hello'
    True
>>> 'hello' == 'Hello'
    False
>>> 12 == 12.0
```

```
    True
>>> 12 == '12'
    False
```

조건식에는 변수를 사용할 수 있다. 즉 (x > y)와 같은 수식이 가능하다. 변수 x가 변수 y보다 크면 이 수식의 값은 1이 된다. 반대로 변수 x의 값이 변수 y보다 크지 않으면 0이 된다. 예를 들어서 여러분의 나이가 20살이라면 (age == 20) 수식은 참(true)을 반환할 것이다. 그렇지 않다면 거짓(false)을 반환할 것이다. 또 여러분의 나이가 25살이라면 (age > 20) 수식은 참을 반환할 것이다.

```
>>> age = 29
>>> age >= 10
    True
```

Section

05 블록

만약 조건이 참인 경우에 여러 개의 문장이 실행되어야 한다면 어떻게 하여야 하는가? 즉 예를 들어서 성적이 90점 이상이면 합격과 동시에 장학금도 받을 수 있다고 출력하려면 어떻게 해야 할까? 이런 경우에는 다음과 같이 들여쓰기를 이용하여서 문장들을 묶을 수 있다.

```
score = 99
if score >= 90 :
    print("합격입니다.")
    print("장학금도 받을 수 있습니다.")
```

블록

위의 코드에서 score의 값이 90이상이면 print()를 호출하는 2개의 문장이 실행된다. 이들 문장들이 동일한 개수의 공백을 가지고 있다는 것에 유의하라. 이들 모두는 동일한 **블록**(block)에 속해있다. 하나의 블록에 속하는 문장들은 모두 같이 실행된다. 블록에 있는 문장들은 그 위에 있는 문장들과 비교할 때, 앞에 4칸의 공백을 두고 있다. 파이썬에서 문장 앞에 동일한 개수의 공백을 추가하면 이들 문장들은 하나의 블록에 속하게 된다.

실전 예제

터틀 그래픽

사용자로부터 명령어를 받아서 터틀을 제어해보자. 즉 사용자가 "left"를 입력하면 왼쪽으로 회전하게 하고 사용자가 "right"를 입력하면 오른쪽으로 회전하게 하자.

```
왼쪽=left, 오른쪽=right:left
왼쪽=left, 오른쪽=right:right
왼쪽=left, 오른쪽=right:left
왼쪽=left, 오른쪽=right:right
왼쪽=left, 오른쪽=right:
```

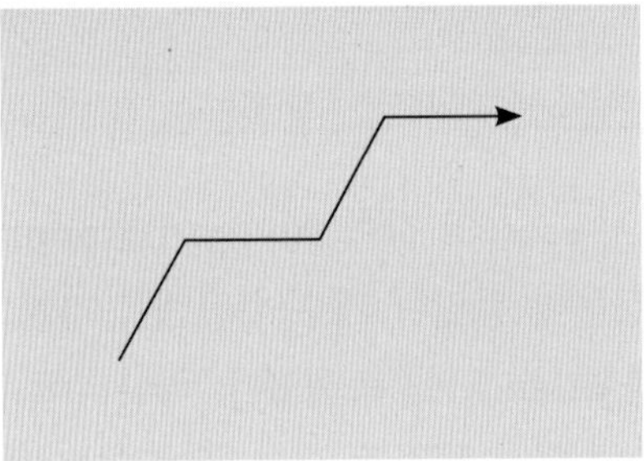

Solution

if_turtle.py

```
import turtle
t=turtle.Pen()

while True:
    direction = input("왼쪽=left, 오른쪽=right:")
    if direction == "left":
        t.left(60)
        t.forward(50)
    if direction == "right":
        t.right(60)
        t.forward(50)
```

위의 코드에서 while True:는 무한히 반복되는 루프를 만든다.

실전 예제

두수 중 큰 수 출력

사용자로부터 두개의 정수를 입력받아서 둘 중에서 큰 수를 출력하는 프로그램을 작성하여 보자.

```
첫 번째 정수: 10
두 번째 정수: 20
큰 수는 20
```

Solution

larger.py

```
x = int(input("첫 번째 정수: "))
y = int(input("두 번째 정수: "))
if (x > y):
max = x;
else:
max = y;
print("큰 수는 ", max);
```

도전문제

위의 프로그램에서 더 작은 수를 구하도록 코드를 수정해보자. 어디만 수정하면 되는가?

실전 예제

수학 연습 문제 출제

간단한 예를 들어보자. 초등학생들에게 수학을 가르치는 문제를 출제하고 답을 검사하는 프로그램을 작성하고 있다고 하자. 학생은 정답을 이야기하면 "맞았습니다"를 출력하고 오답을 이야기하면 "틀렸습니다"를 출력한다.

```
56+67=123
맞았습니다.
67+33=100
맞았습니다.
71+54=101
틀렸습니다.
...
```

다음과 같이 작성할 수 있다.

```
import random

while True:
    n1 = random.randint(1, 100)
    n2 = random.randint(1, 100)
    ans = int(input(str(n1)+"+"+str(n2)+"="))
    if ans == (n1+n2):
        print("맞았습니다.")
    else:
        print("틀렸습니다.")
```

한 줄씩 자세히 분석하여 보자.

1. 난수 발생이 필요하므로 random 모듈을 포함시킨다. 모듈이란 관련된 코드들이 모여 있는 파일이다.

```
import random
```

2. while True:는 무한히 반복되는 루프를 만든다. 들여쓰기된 코드를 무한히 반복한다.

```
while True:
    ...
    ...
```

3. random.randint() 함수를 사용하여서 1부터 100 사이의 난수를 발생하여 변수에 저장한다.

```
n1 = random.randint(1, 100)
n2 = random.randint(1, 100)
```

4. 사용자에게 수학문제를 표시한다. n1와 n1은 수치형이므로 문자열로 바꾸기 위하여 str() 함수를 사용하였다.

```
ans = int(input(str(n1)+"+"+str(n2)+"="))
```

5. 사용자의 답변이 맞았는지를 검사한다. 적절한 메시지를 표시한다.

```
if ans == (n1+n2):
    print("맞았습니다.")
else:
    print("틀렸습니다.")
```

06 중첩 선택 구조

우리는 이제까지 하나의 if-else 문장만을 사용하였다. 하지만 만약 조건문 안에 조건문을 넣어야 한다면 어떻게 할 것인가? 우리는 if-else 문장 안에 다른 if-else 문장을 넣을 수 있다. 이것을 프로그래밍에서는 중첩(nesting)된 if-else문이라고 불린다. if-else 문장 안에는 여러 개의 if-else 문장이 포함될 수 있다. 들여쓰기로 내장의 수준을 알 수 있다. 이러한 구조는 자칫하면 혼동을 불러올 수 있기 때문에 많이 사용하는 것은 자제하여야 한다.

예를 들어 학생이 장학금을 타려면 (1) 학점평균이 3.0 이상이어야 하고 (2) 봉사시간이 10시간 이상이어야 한다고 하자. 이러한 여러 가지 조건은 중첩 if-else 블록을 이용하여 검사할 수 있다.

```
학점 평균: 3.99
봉사시간: 12
장학금을 탈 수 있음!
```

```
gpa = float(input("학점 평균: "))
hours = int(input("봉사시간: "))
if gpa > 3.0:
    if hours > 10 :
        print("장학금을 탈 수 있음!")
    else:
        print("봉사시간 부족")
else:
    print("학점이 낮음")
```

위의 코드에서는 먼저 gpa>3.0 수식을 검사한다. 이 수식의 값이 거짓인 경우, 학생은 장학금 기준을 충족시키지 않아 다른 조건을 확인할 필요가 없다. 수식 gpa > 3.0이 참이면 두 번째 조건을 검사해야 한다. 이것은 "hours > 10" 조건을 검사하는 중첩된 if-else으로 구현된다. 이 두 번째 조건이 참이라면 학생은 장학금을 받을 수 있다. 그렇지 않은 경우 이유를 설명하는 적절한 메시지가 출력된다.

논리 연산자

복잡한 조건은 관계 연산자만으로는 표현할 수 없다. 예를 들어서 놀이공원에서 나이가 10살 이상이고 키가 165cm이어야 놀이기구를 탈수 있다고 하자. 이 조건은 관계 연산자만으로는 표현이 불가능하다.

조건 1 조건 2

```
나이가 10살 이상이고, 그리고 키가 165cm 이상이면
  -> 놀이기구를 탈 수 있다.
```

이러한 복잡한 조건을 표현하려면 **논리 연산자**를 사용하여야 한다.

```
(나이가 10살 이상이다) and (키가 165cm 이상이다)
  -> 놀이기구를 탈 수 있다.
```

and 연산자는 왼쪽과 오른쪽이 모두 참일 때 전체가 참이 되는 논리 연산자이다.

논리 연산자(logical operator)는 여러 개의 조건을 조합하여 참인지 거짓인지를 따질 때 사용한다. 고등학교에서 AND(논리곱), OR(논리합), NOT(논리부정)으로 학습한 내용과 같다. 예를 들어 "비가 오지 않고 휴일이면 테니스를 친다"라는 문장에는 "비가 오지 않는다" 라는 조건과 "휴일이다"라는 조건이 동시에 참이면 테니스를 친다는 의미가 포함되어 있다. 파이썬에는 조건들을 다양하게 묶을 수 있는 연산자들이 준비되어 있다.

연산	의미
x and y	AND 연산, x와 y가 모두 참이면 참, 그렇지 않으면 거짓
x or y	OR 연산, x나 y중에서 하나만 참이면 참, 모두 거짓이면 거짓
not x	NOT 연산, x가 참이면 거짓, x가 거짓이면 참

예를 들어서 놀이공원에서 놀이기구를 탈 수 있는 조건을 논리 수식으로 작성하여 보면 다음과 같다.

```
age = 20
height = 180
if( (age>=10) and (height>=165)) :
    print("놀이 기구를 탈 수 있습니다.")
else :
    print("놀이 기구를 탈 수 없습니다.")
```

논리 연산의 결과도 참과 거짓으로 생성된다.

실전 예제

수학적인 알고리즘

이번 Lab에서는 1부터 10까지의 합을 계산하는 알고리즘을 만들어보자. 몇 가지의 방법을 생각할 수 있다. 가장 알기 쉬운 방법만 살펴보자. 1부터 10까지의 숫자를 하나씩 더하는 알고리즘만 살펴보자. 이 알고리즘을 순서도로 작성해보자.

$$1 + 2 + 3 + \ldots + 10 = 55$$

순서도 작성에 사용되는 기호는 다음과 같다.

기호	의미
	화살표는 알고리즘이 진행하는 방향을 나타낸다.
	수행의 시작(start), 종료(end)
	처리(process)를 나타낸다. 예를 들어서 변수 x에 1을 더하는 연산이 여기에 해당된다.
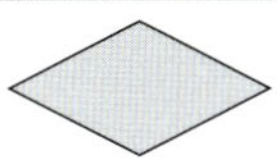	판단(decision)을 나타낸다. yes/no질문이나 true/false 검사가 여기에 해당된다. 일반적으로 이 도형에서 나가는 2개의 화살표가 있다.
	입력(INPUT)이나 출력(output)을 나타낸다. 예를 들어서 사용자로부터 정수를 받아서 변수 x에 저장하는 연산이 여기에 해당된다.

컴퓨터를 위한 알고리즘을 작성하려면 변수가 필요하다. 1부터 하나씩 증가되는 변수 i와 현재까지의 합을 저장하고 있는 변수 sum을 생성한다.

1부터 10까지의 합을 계산하는 알고리즘을 순서도로 그리면 다음과 같다.

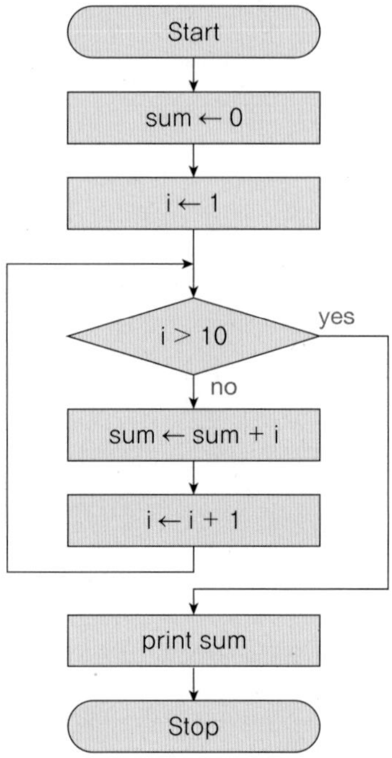

여기서 ← 기호는 변수에 값을 저장한다는 의미의 연산자이다. 이것을 파이썬 프로그램으로 작성해보면 다음과 같을 것이다.

```
sum = 0
i = 1
while i <= 10:
    sum = sum + i
    i = i + 1
print(sum)
```

```
55
```

한 줄씩 자세히 분석해보자.

1. sum과 i 변수를 0과 1로 초기화한다.

```
sum = 0
i = 1
```

2. i가 10보다 작거나 같을 때까지 반복한다.

```
while i <= 10:
```

3. sum에 현재의 i값을 더하고 i를 하나 증가한다.

```
sum = sum + i
i = i + 1
```

4. 반복 루프가 끝나면 계산된 합계를 화면에 출력한다.

```
print(sum)
```

실습시간

1부터 사용자가 입력하는 숫자까지의 합을 계산하도록 위의 파이썬 프로그램을 수정하여 보자.

실전 예제

유클리드 GCD 알고리즘

최대 공약수란 정수들의 공통 약수 중에서 가장 큰 수를 의미한다. 예를 들어서 12과 8의 최대 공약수는 4가 된다. 왜냐하면 4는 12의 약수이면서 동시에 8의 약수이고 공통 약수 중에서 가장 크기 때문이다.

최대 공약수를 구하려면 아무래도 정교한 수학적인 알고리즘이 필요하다. 최대 공약수를 구하는 알고리즘은 기원전 300년 전에 이미 유클리드에 의하여 개발되었다.

❶ 두 수 가운데 큰 수를 x, 작은 수를 y라 한다.
❷ y가 0이면 최대 공약수는 x와 같고 알고리즘을 종료한다.
❸ r ← x % y
❹ x ← y
❺ y ← r
❻ 단계 ❷로 되돌아간다.

코드는 다음과 같다.

```
x = int(input("큰 수를 입력하시오:"))
y = int(input("작은 수를 입력하시오:"))
while y != 0 :
    r = x % y
    x = y
    y = r
print(x)
```

실습시간

compute_gcd(x, y) 와 같은 함수 형태로 위의 코드를 정리해보자. 또 사용자로부터 숫자를 받아서 최대 공약수를 계산하도록 위의 코드를 변경하라.

CHAPTER

07

PYTHON WORKBOOK

알고리즘 II

이번 장에서는 다음과 같은 내용을 학습합니다.

▶ 알고리즘을 이루는 3가지의 제어구조를 실습해본다.

▶ 재귀 호출을 실습해본다.

▶ 무한 루프를 이용하여 응용 프로그램을 작성해본다.

학습목차

Section 01 이번 장에서 학습할 내용

알고리즘은 컴퓨팅 사고의 중요한 부분이다. 알고리즘은 어떤 문제를 해결하기 위한 단계적인 지침이다. 컴퓨팅 사고의 최종 결과물이 알고리즘이라고 할 수 있다. 이 장에서는 다음과 같은 응용 프로그램을 작성해본다.

1. 재귀 호출을 이용하여 멋진 그림을 그려본다.

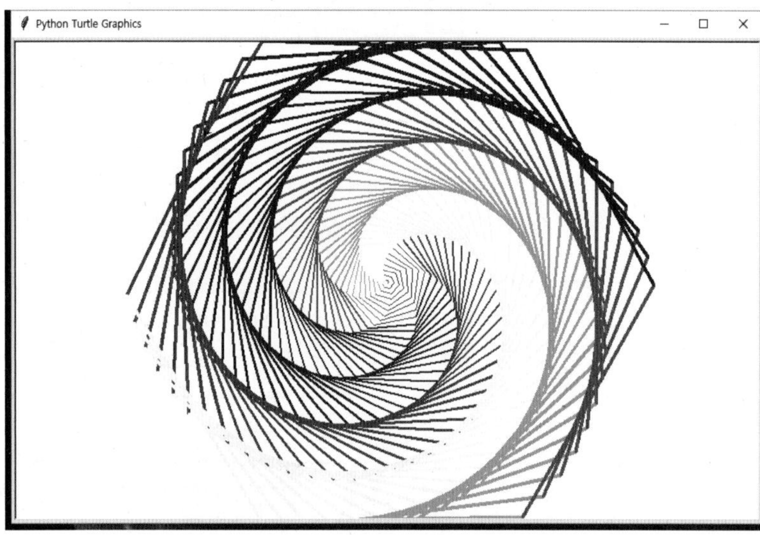

2. 3-6-9 게임을 작성해본다.

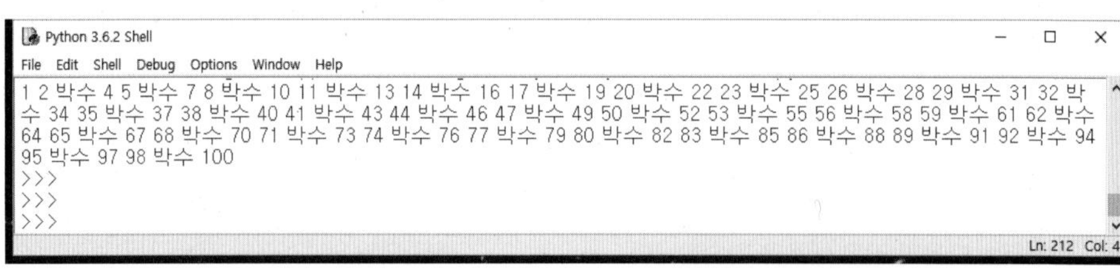

02 반복

인간은 항상 새롭고 흥미로운 것들을 좋아한다. 인간은 똑같은 작업을 반복하는 것을 지루해한다. 하지만 우리들의 생활에서는 반복적인 작업들이 필요하다. 예를 들어서 컨베이어 시스템에서 여러 부품을 모아 완제품을 조립하는 어셈블리 라인의 경우, 각 작업자는 똑같은 작업을 반복하여야 한다. 어떻게 하면 좋을까? 컴퓨터를 사용하면 된다. 반복적이고 지루한 작업은 컴퓨터를 이용하여 자동화하여야 한다. 동일한 작업을 오류 없이 반복하는 것은 컴퓨터가 아주 잘 할 수 있는 일이다.

동일한 명령어를 여러 번 실행하는 것을 반복(iteration)이라고 한다. 반복은 아주 자주 나타나기 때문에 파이썬은 반복을 쉽게 할 수 있는 구조를 가지고 있다. for 문과 while 문이 바로 그것이다.

프로그램에서는 어떤 경우에 반복이 필요할까? 예를 들어서 회사에 중요한 손님이 오셔서 화면에 "환영합니다."를 5번 출력해야 한다고 가정하자. 이제까지 학습한 방법만을 사용하면 다음과 같이 print() 함수를 호출하는 문장을 5번 되풀이해야 한다.

```
print("환영합니다.")
print("환영합니다.")
print("환영합니다.")
print("환영합니다.")
print("환영합니다.")
```

같은 처리가 반복된다.

똑같은 문장을 5번 작성하는 것은 어느 정도 가능하다. 하지만 1000번 출력해야 한다면 문제는 심각해진다. 정말 지루한 작업이 될 것이다.

다행스럽게도 파이썬에는 동일한 문장을 조건에 따라서 반복해주는 반복문들이 존재한다. 반복문은 어떤 조건이 만족되는 동안, 특정한 문장을 반복 실행하는 구조이다. 예를 들어서 위의 코드는 for 문을 사용하여서 다음과 같이 작성할 수 있다.

```
for x in range(5) :
    print("환영합니다.")
```

위의 코드에 있는 range() 함수는 정수들의 리스트를 생성한다. 예를 들어서 range(5)는 0, 1, 2, 3, 4까지의 정수를 생성하여서 반환한다. 위의 for 루프는 리스트의 첫 번째 숫자인 0부터 시작하여서 print() 문장을 반복한다. 리스트의 마지막 숫자인 4까지 반복하고 나서 반복은 종료된다. 따라서 print() 문장은 5번 반복된다. for 루프를 사용하게 되면 상당한 분량의 코드를 줄인다는 것을 알 수 있다. for 루프는 유명한 C언어에서 시작된 반복 구조로 가장 많이 사용되는 반복 형태이다.

파이썬에서 지원하는 반복문에는 다음과 같은 2가지 종류가 있다. 개발자가 현재 상황에 맞는 구조를 선택하여 사용하면 된다.

- for 문 - 정해진 횟수만큼 반복하는 구조이다.
- while 문 - 어떤 조건이 만족되는 동안, 반복을 계속하는 구조이다.

for 반복문

for 문은 정해진 횟수만큼 반복할 때 사용하는 반복 구조이다. for 루프(loop)라고도 한다. for 문은 반복 구조 중에서 가장 많이 사용되는데 장점이 많기 때문이다. 예제를 보자.

```
for name in ["철수", "영희", "길동", "유신" ]:
print("안녕! " + name)
```

for 반복문에서 리스트 안의 각 항목들은 name에 차례대로 대입되고 들여쓰기된 print() 문장이 실행된다. 위의 예제의 실행 결과는 다음과 같다.

```
안녕! 철수
안녕! 영희
안녕! 길동
안녕! 유신
```

문자열 "안녕! "과 변수가 결합되어서 위와 같은 실행 결과가 나오게 된다. for 문의 정확한 이해는 아주 중요하다. 따라서 리스트에서 문자열을 꺼내서 반복하는 예제를 다음 그림을 보고 완벽하게 이해하도록 하자.

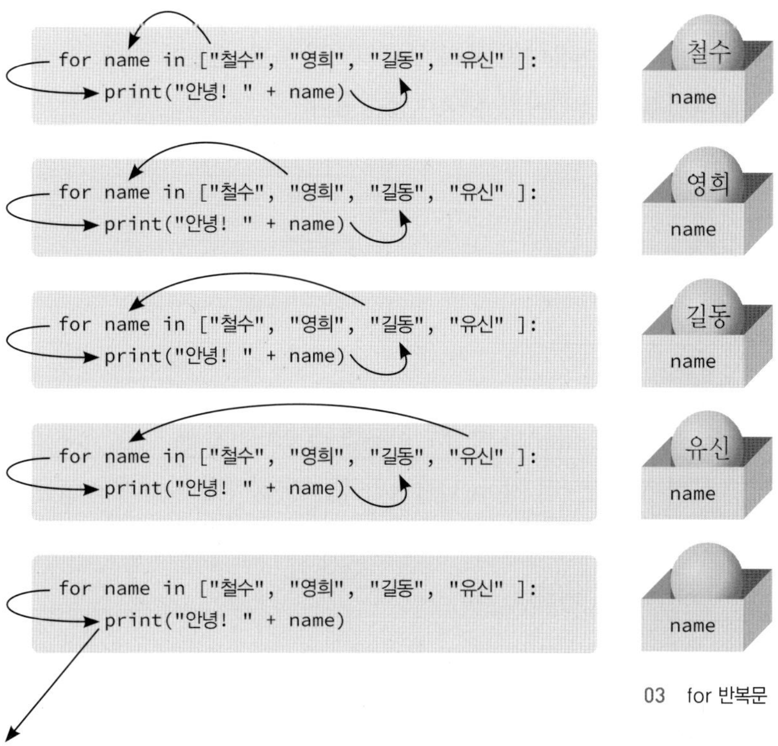

우리는 정수 리스트에 대해서도 유사한 문장을 작성할 수 있다. 이번에는 정수 리스트에서 정수를 하나씩 꺼내서 출력하는 코드를 살펴보자.

```
for x in [0, 1, 2, 3, 4, 5, 6, 7, 8, 9] :
    print(x, end=" ")
```

```
0 1 2 3 4 5 6 7 8 9
```

여기서 print(x, end=" ")은 변수 x의 값을 출력한 후에 줄을 바꾸지 말고 " "을 출력하라는 의미이다.

range() 함수

0부터 9까지의 정수들의 리스트는 불편하지만 만들 수 있다. 숫자 10개면 손으로 쓸 수 있지만 숫자 100만개면 어떻게 할 것인가? 좀 더 편리한 방법을 찾아야 한다. 이런 경우에 유용한 함수가 range() 함수이다. range는 범위(구간)라는 뜻이다.

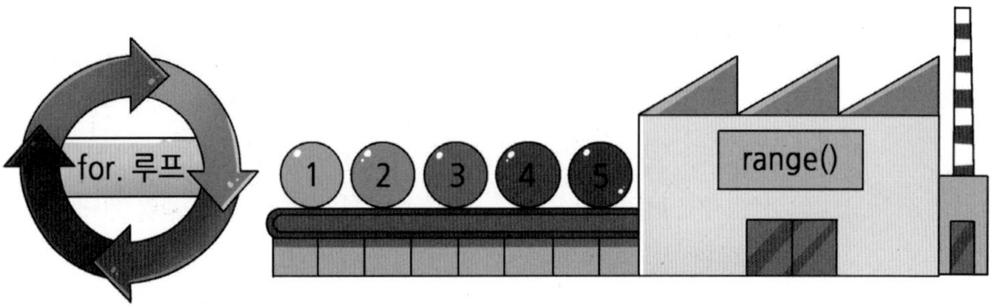

이 함수를 이용하면 특정 구간의 정수들을 생성할 수 있다. 예를 들어서 range(10) 하면 0부터 9까지의 정수가 생성된다.

```
sum = 0
for x in range(10) :
sum = sum + x
print(sum)
```

range(10)은 0부터 9까지의 정수를 생성한다.

```
45
```

range(start, stop)의 형식도 사용할 수 있다. range(start, stop)와 같이 호출하면 start부터 시작하여서 (stop-1)까지의 정수가 생성된다. 이때 stop은 포함되지 않는다.

```
sum = 0
for x in range(0, 10) :
```

0, 1, 2, 3, 4, 5, 6, 7, 8, 9에 대해 반복

```
    sum = sum + x
print(sum)
```

```
45
```

range(start, stop, step)과 같은 형식도 제공된다. start부터 stop-1까지 step의 간격으로 정수를 생성한다. 예를 들어서 range(0, 10, 2)와 같이 호출하면 0부터 2씩 건너뛰면서 10보다는 작은 정수 [0, 2, 4, 6, 8]가 생성된다.

```
for x in range(0, 10, 2) :    # 0, 2, 4, 6, 8에 대하여 반복한다.
    print(x, end=" ")
```

```
0 2 4 6 8
```

문자열 반복

문자열도 시퀀스의 일부분이다. 따라서 문자열을 대상으로 반복문을 만들 수 있다. 문자열 "abcdef"에 들어 있는 문자들을 처리하려면 다음과 같은 반복문을 만들어서 사용할 수 있다.

```
for c in "abcdef":    # 문자열 안의 각 문자에 대하여 반복한다.
    print(c, end=" ")
```

```
a b c d e f
```

Section

PYTHON WORKBOOK

04 while 문

while 문은 어떤 조건을 정해놓고 반복을 하는 구조이다. 예를 들어서 자동차 경주에서 경주용 자동차는 반드시 서킷을 10번 돌아야 한다면 반복하는 조건은 "횟수가 10번 미만인가요?"가 될 것이다. 이것을 순차 다이어그램으로 그리면 오른쪽과 같다. 반복을 결정하는 조건이 있고 조건이 참이면 반복을 하고 그렇지 않으면 반복 루프를 빠져나가게 된다.

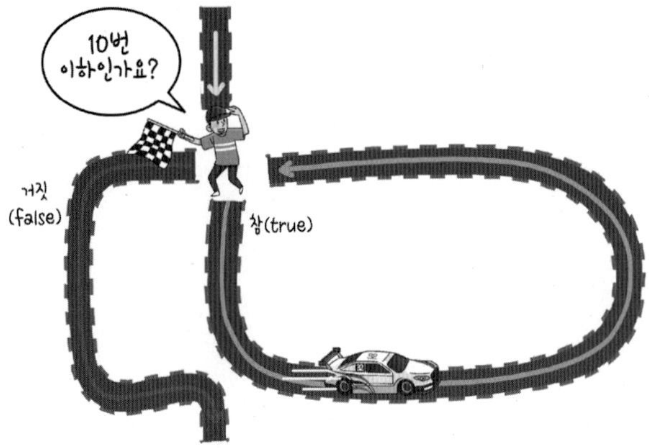

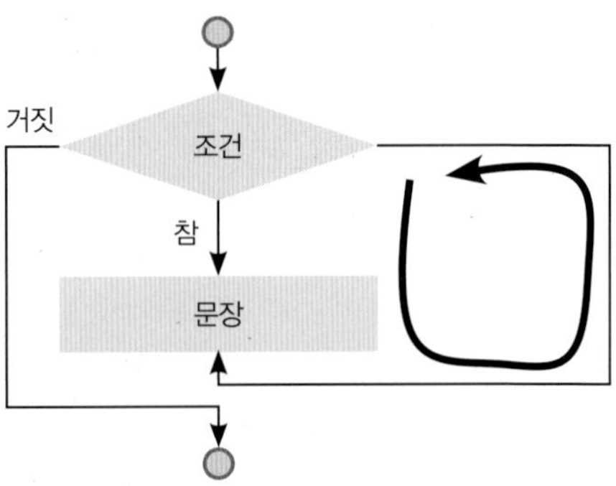

예를 들어서 "환영합니다."를 화면에 5번 출력하는 예제를 while 문을 이용하여 작성하면 다음과 같다.

```
i = 0;
while i < 5 :
    print("환영합니다.")
    i = i + 1
print("반복이 종료되었습니다.")
```

while 문의 (...) 안에 반복의 조건을 기술한다. 조건이 만족되는 동안, 블록 안의 문장은 반복 실행된다. 위의 코드에서 반복 조건에 해당하는 것은 수식 "i < 5"이다. 위의 코드가 의미하는 것은 i가 5보다 작은 동안에는 블록 안에 있는 2개의 문장을 실행하라는 것이다. i의 초기값은 0이고 i는 한번 반복될 때마다 1씩 증가된다. 따라서 i는 0 → 1 → 2 → 3 → 4와 같이 증가하게 되고 i가 5가 되면 수식 "i < 5"은 거짓이 되어 반복이 종료된다. 반복 조건은 while 문에 처음으로 진입할 때 검사되

고 한 번씩 반복할 때마다 반복을 계속할 것인지를 결정하기 위하여 검사된다.

```
환영합니다.
환영합니다.
환영합니다.
환영합니다.
환영합니다.
반복이 종료되었습니다.
```

실전 예제

정수들의 합

1부터 사용자가 입력한 수 n까지 더해서 (1+2+3+...+n)을 계산하는 프로그램을 작성하여 보자. for 문을 사용하면 간명하게 합계를 구할 수 있다.

```
어디까지 계산할까요: 10
1부터 10 까지의 정수의 합= 55
```

Solution

for_sum.py

```
# 반복을 이용한 정수합 프로그램
sum = 0
limit = int(input("어디까지 계산할까요: "))
for i in range(1, limit+1) :
    sum += i
print("1부터 ", limit, "까지의 정수의 합= ", sum)
```

sum은 정수들의 합을 저장한다. i는 for 문에서 필요한 변수이다.

1부터 limit까지의 정수가 생성되어 변수 i에 대입된다. 반복 루프 안에서는 sum에 i의 값이 더해진다.

for 문이 끝나면 실행된다. 화면에 sum의 값이 출력된다.

여기서 주의해야 할 점은 1부터 limit까지의 정수가 생성되어 변수 i에 대입된다는 점이다. 반복 루프 안에서는 sum에 i의 값이 더해진다. i가 0부터 시작되는 것보다 합계를 계산하기가 편리하다. limit가 10이라고 하면 다음과 같이 반복이 진행된다.

	i의 값	sum의 값
1번째 반복	1	0+1
2번째 반복	2	0+1+2
3번째 반복	3	0+1+2+3
...	...	...
10번째 반복	10	0+1+2+3+...+10

실전 예제

3-6-9 게임

3-6-9 게임과 유사한 게임을 알고리즘으로 만들어보자. 사람들이 원형으로 둘러앉은 후에 1부터 100까지의 숫자를 돌아가면서 말한다. 만약 정해진 숫자의 배수가 나오면 숫자 대신에 박수를 치는 게임이다. 예를 들어서 3이라는 숫자를 미리 정했다면 3, 6, 9와 같이 3의 배수가 나오면 박수를 쳐야 한다. 의사 코드는 다음과 같다.

```
i ← 1
while i ≤ 100
    if (i mod 3) = 0
        print "박수"
    else
        print i
    i ← i + 1
endwhile
```

이 알고리즘에서 중요한 부분은 어떻게 3의 배수를 판단할 것인가이다. 이럴 때는 나머지 연산자인 mod를 사용하여야 한다. 3의 배수를 3으로 나누면 나머지가 0이 되므로 (i mod 3)의 값이 0이면 박수를 치고 아니면 숫자를 출력하면 된다.

```
1 2 박수 4 5 박수 7 8 박수 10 11 박수 13 14 박수 16 17 박수 19 20 박수 22 23
박수 25 26 박수 28 29 박수 31 32 박수 34 35 박수 37 38 박수 40 41 박수 43 44
박수 46 47 박수 49 50 박수 52 53 박수 55 56 박수 58 59 박수 61 62 박수 64 65
박수 67 68 박수 70 71 박수 73 74 박수 76 77 박수 79 80 박수 82 83 박수 85 86
박수 88 89 박수 91 92 박수 94 95 박수 97 98 박수 100
```

위의 알고리즘을 파이썬으로 구현하면 다음과 같다.

```
i = 1
while i <= 100:
    if (i % 3) == 0:
        print ("박수", end=" ")
    else :
        print( i, end=" ")
    i = i + 1
```

실전
예제

팩토리얼 계산하기

for문을 이용하여서 팩토리얼을 계산해보자. 팩토리얼 n!은 1부터 n까지의 정수를 모두 곱한 것을 의미한다. 즉, $n! = 1 \times 2 \times 3 \times \cdots\cdots \times (n - 1) \times n$이다.

```
정수를 입력하시오: 10
10 !은 3628800.0 이다.
```

Solution

for_facto.py

```
# 반복을 이용한 팩토리얼 구하기
fact = 1.0
n = int(input("정수를 입력하시오: "))

for i in range(1, n+1) :
    fact = fact * i;

print(n,"!은", fact, "이다.")
```

for 루프를 사용하여 fact에 i의 값을 곱한 결과값을 다시 fact에 저장한다. i의 초기값도 0이 아닌 1이어야 한다.

변수 fact를 정의한다. 여기서 fact의 초기값은 반드시 1이어야 한다. 0이면 안 된다. 왜냐하면 팩토리얼은 정수를 전부 곱해서 계산하는 것이므로 초기값이 0이면 결과는 0이 되어 버린다. 따라서 반드시 1로 초기화를 시켜야 한다.

n이 5라고 하면 다음과 같이 반복이 진행된다.

	i의 값	fact의 값
1번째 반복	1	1*1
2번째 반복	2	1*1*2
3번째 반복	3	1*1*2*3
4번째 반복	4	1*1*2*3*4
5번째 반복	5	1*1*2*3*4*5

실전 예제

화면에 사각형 그리기

반복문은 컴퓨터 그래픽에도 아주 많이 사용된다. 터틀 그래픽을 이용하여 사각형을 10개 그려보자. 각 사각형은 20도씩 기울어져 있다.

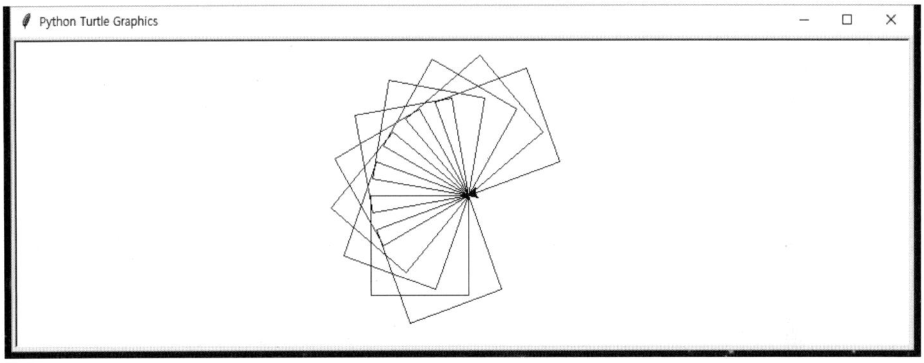

Solution

turtle_rect1.py

```
import turtle

# 사각형을 그리는 함수
def draw_rect(length):
    turtle.forward(length)
    turtle.left(90)
    turtle.forward(length)
    turtle.left(90)
    turtle.forward(length)
    turtle.left(90)
    turtle.forward(length)
    turtle.left(90)

for i in range(10):                    # 10번 반복한다.
turtle.left(20)                        # 왼쪽으로 20도 회전한다.
draw_rect(100)
```

실전 예제

온도 변환 테이블 출력

화씨온도-섭씨온도 변환 테이블을 출력하는 프로그램을 작성하여 보자. 반복 구조를 사용하여야 하고 정수보다는 실수로 출력하는 편이 정확하다. 화씨 0도부터 100도까지, 10도 단위로 증가시키면서 대응되는 섭씨온도를 옆에 출력한다.

C = (F − 32) × 5/9 수식을 사용한다.

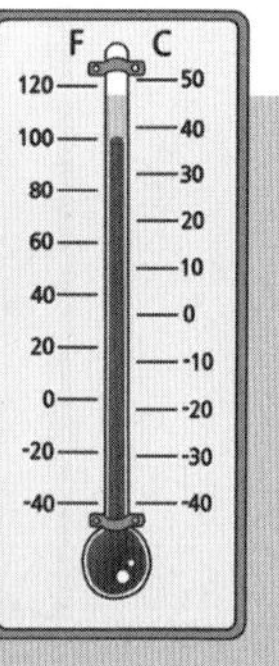


```
0 -> -17.78
10 -> -12.22
20 -> -6.67
30 -> -1.11
40 -> 4.44
50 -> 10.0
60 -> 15.56
70 -> 21.11
80 -> 26.67
90 -> 32.22
100 -> 37.78
```

Solution

temp_table.py

```
for t in range(0, 100+1, 10):
c = (t - 32.0) * 5.0 / 9.0
print(t, " ->", round(c, 2));
```

round(c, 2)는 변수 c의 값을 소수점 2번째 자리까지 출력하라는 것을 의미한다. 값은 반올림된다.

실전 예제

스파이럴 그리기

다음과 같이 멋진 스파이럴을 반복문을 사용하여 그려보자.

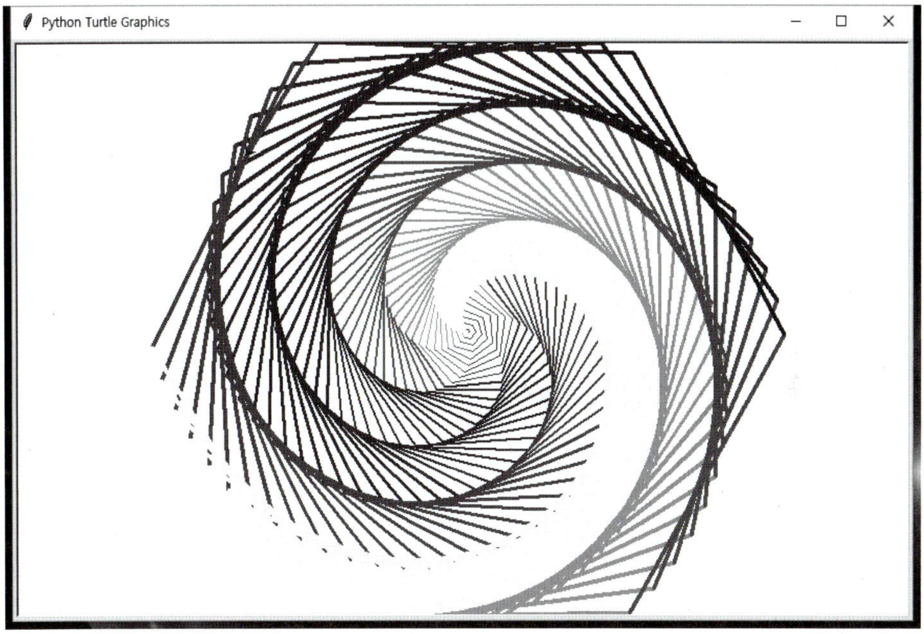

일단 아래의 소스를 입력하여 실행해보자.

```
import turtle
t = turtle.Pen()

colors = ['red', 'purple', 'blue', 'green', 'yellow', 'orange']

for x in range(360):
    t.pencolor(colors[x % 6])
    t.width(x / 100 + 1)
    t.forward(x)
    t.left(59)
```

한 줄씩 자세하게 분석해보자.

1. 터틀 그래픽을 위하여 다음의 2줄이 필요하다.

```
import turtle
t = turtle.Pen()
```

2. 우리는 다양한 색상을 사용할 예정이다. 따라서 색상의 이름을 담고 있는 리스트를 하나 만들어둔다.

```
colors = ['red', 'purple', 'blue', 'green', 'yellow', 'orange']
```

3. for 반복 루프를 이용하여 스파이럴을 그린다. 동일한 코드를 360번 반복한다.

```
for x in range(360):
    t.pencolor(colors[x % 6])
    t.width(x / 100 + 1)
    t.forward(x)
    t.left(59)
```

반복 루프 안에서는 펜색상을 colors 리스트에 있는 색상으로 설정한다. x를 6으로 나눈 나머지 값을 색상의 인덱스로 사용한다. 또 선의 두께를 (x/100+1)로 한다. x가 커지면 선의 두께도 조금씩 커지게 하는 것이다. 이어서 거북이를 x만큼 전진시킨 후에 59도 회전한다. 이것을 반복하면 스파이럴 패턴이 그려지게 된다.

CHAPTER

08

PYTHON WORKBOOK

알고리즘 III

이번 장에서는 다음과 같은 내용을 학습합니다.

▶ 리스트에 대하여 알아본다.

▶ 리스트와 관련된 알고리즘에 대하여 살펴본다.

학습목차

Section

01 이번 장에서 학습할 내용

지금까지는 일반 변수를 사용하여서 하나의 데이터만 저장하였다. 그러나 일반 변수는 100명 학생들의 주소를 저장하는 경우에는 유용하지 않다. 예를 들어, 친구들 100명의 전화번호를 프로그램에서 저장하려면 100개의 변수가 필요하다. 물론 100개의 변수를 생성할 수도 있지만 한없이 복잡한 프로그램이 될 것이다. 이 장에서는 리스트(list)를 이용하여서 관련된 값을 그룹화하는 편리한 방법을 살펴본다. 구체적으로 다음과 같은 내용을 학습한다.

- 리스트를 만들고 조작하는 방법
- 정렬 및 검색 기술

1. 리스트에 저장된 숫자로 막대 그래프를 그려본다.

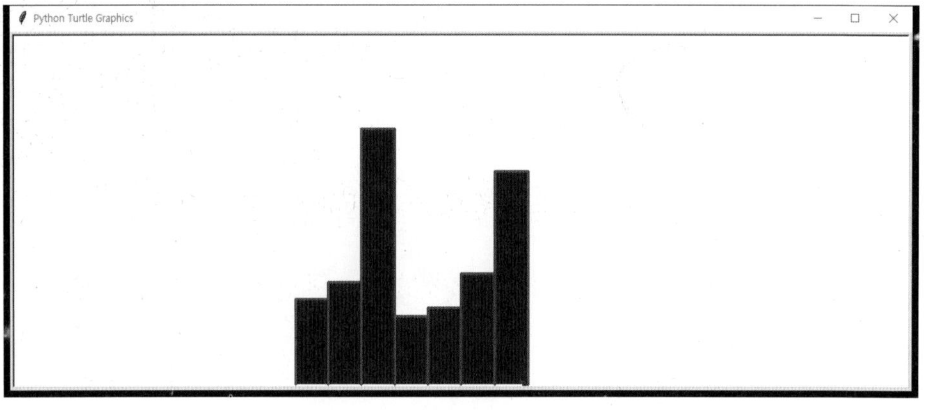

2. 버블 정렬을 이용하여 리스트를 정렬해본다.

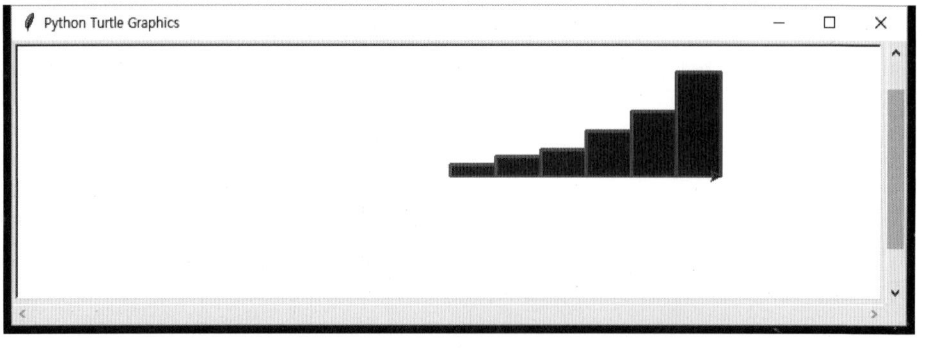

02 리스트

예를 들어서 학생 10명의 성적 평균을 계산한다고 가정하자. 평균을 계산하려면 먼저 각 학생들의 성적을 읽어서 어딘가에 저장하여야 한다. 데이터를 저장할 수 있는 곳은 변수이다. 학생이 10명이므로 10개의 변수가 필요하다.

```
s0 = 32
s1 = 56
s2 = 69
...
s9 = 69
```

만약 학생이 30명이라면 어떻게 해야 할까? 위의 방법대로라면 30개의 정수 변수를 생성하고 성적을 저장하여야 한다. 만약 100명이라면, 아니 10000명이라면 어떻게 할 것인가? 이런 식으로 변수를 일일이 생성하다가는 프로그래머의 생활이 아주 힘들어질 것이다. 따라서 다른 방법이 필요하다.

쉽게 대량의 데이터를 저장할 수 있는 공간을 만들 수 있어야 하고 이들 데이터들을 손쉽게 처리할 수 있는 방법이 필요하다. 그래서 탄생하게 된 것이 리스트이다. 리스트를 사용하면 대량의 데이터를 효율적이고 간편하게 처리할 수 있다. **리스트**(list)는 여러 개의 데이터가 저장되어 있는 장소이다. 리스트는 다음과 같이 [ ] 안에 값을 나열하면 생성된다.

예를 들어서 10개의 정수를 저장하고 있는 리스트를 생성하면 다음과 같다.

```
scores = [ 32, 56, 64, 72, 12, 37, 98, 77, 59, 69]
```

초기값이 있으면 위와 같이 생성하면 되지만 공백 리스트를 생성한 후에 사용자로부터 값을 받아서 리스트에 추가하려면 append() 메소드를 사용한다.

```
scores = [ ]

for i in range(10):
    scores.append(int(input("성적을 입력하시오:")))

print(scores)
```

요소 접근하기

앞에서 리스트를 어떻게 생성하는지를 살펴보았다. 리스트에 저장된 데이터들을 리스트 요소(array element)라고 한다. 그렇다면 리스트 요소들은 어떤 식으로 접근해야하는가? 리스트의 요소에는 번호가 붙어 있는데 이것을 인덱스(index)라고 부른다. 리스트의 이름을 쓰고 괄호 [] 안에 번호를 표시하면 리스트 요소가 된다. 예를 들어서 리스트의 이름이 scores라면 리스트 요소는 scores[0], scores[1], scores[2], scores[3], ..., scores[9]으로 표시된다. 리스트는 메모리의 연속적인 공간에 저장된다.

예를 들어서 scores 리스트에서 번호가 5인 요소에 접근하려면 scores[5]와 같이 적어주면 된다. 리스트 요소는 변수와 100% 동일하다. 리스트 요소에 값을 저장할 수 있고 리스트 요소에 저장된 값을 꺼낼 수도 있다.

```
scores[5] = 80;
scores[1] = scores[0];
```

리스트에 있는 요소들을 순서대로 방문하는 작업은 아주 많이 나타난다. 기본적으로 2가지의 방법이 있다. 첫 번째 방법은 인덱스를 사용하여 방문하는 방법이다. 예를 들어서 크기가 10인 scores 리스트를 가정하자. 변수를 0에서 시작하여 하나씩 증가시키면서 거기에 해당되는 리스트 요소를 방문하는 방법이다.

예를 들어서 scores 리스트의 모든 요소를 출력하려면 다음과 같은 형식을 사용할 수 있다.

```
for element in scores:
    print(element)
```

scores 리스트의 첫 번째 요소부터 변수 element에 할당되고 반복 루프 안의 문장들이 실행된다. 한 번의 반복이 끝나면 두 번째 요소가 변수 element에 할당된다. 이 경우에는 우리가 리스트의 크기에 대하여 신경 쓰지 않아도 된다.

요소 찾기

리스트에 어떤 요소가 있는지를 찾는 연산도 많이 사용된다. 어떤 요소가 리스트에 있는지 없는지만 알려면 in 연산자를 사용하면 된다.

```
heroes = [ "스파이더맨", "슈퍼맨", "헐크", "아이언맨", "배트맨" ]
if "배트맨" in heroes :
    print("배트맨은 영웅입니다. ")
```

우리는 종종 어떤 요소의 리스트 안에서의 위치를 알아야 한다. 이런 경우에 사용할 수 있는 메소드가 index()이다. 예를 들어서 리스트에서 "슈퍼맨"의 인덱스를 알고 싶으면 다음과 같이 한다.

```
heroes = [ "스파이더맨", "슈퍼맨", "헐크", "아이언맨", "배트맨" ]
index = heroes.index("슈퍼맨")         # index는 1이 된다.
```

요소 삭제하기

pop() 메소드는 특정한 위치에 있는 항목을 삭제한다. pop(1)하면 인덱스 1에 있는 항목이 삭제되는 동시에 반환된다.

```
>>> heroes = [ "스파이더맨", "슈퍼맨", "헐크", "아이언맨", "배트맨" ]
>>> heroes.pop(1)
'슈퍼맨'
>>> heroes
['스파이더맨', '헐크', '아이언맨', '배트맨']
```

remove() 메소드는 항목을 받아서 제거한다. pop()과 다른 점은 항목의 값을 받아서 일치하는 항목을 삭제한다는 것이다.

```
>>> heroes = [ "스파이더맨", "슈퍼맨", "헐크", "아이언맨", "배트맨", "조커" ]
>>> heroes.remove("조커")
>>> heroes
['스파이더맨', '슈퍼맨', '헐크', '아이언맨', '배트맨']
```

최소값과 최대값 찾기

리스트 안에서 최소값과 최대값을 찾으려면 내장 메소드인 max()와 min()을 사용하면 된다. values라는 리스트에서 최소값과 최대값을 계산해보면 다음과 같다.

```
>>> values = [ 1, 2, 3, 4, 5, 6, 7, 8, 9, 10 ]
>>> min(values)
1
>>> max(values)
10
```

리스트 정렬하기

리스트의 요소들을 크기 순으로 정렬시키는 연산은 아주 많이 사용된다. sort() 메소드는 리스트를 제자리(in-place)에서 정렬한다. 따라서 sort()가 호출되면 원본 리스트가 변경된다. 아래의 코드에서 리스트 a는 정렬된 상태로 변경된다.

```
>>> a = [ 3, 2, 1, 5, 4 ]
>>> a.sort()
>>> a
[1, 2, 3, 4, 5]
```

실전 예제

막대 그래프 그리기

사용자가 입력하는 값을 막대 그래프로 그리는 응용 프로그램을 작성해 보자. 입력된 값에 비례하여 높이가 다른 7개의 막대가 그려진다.

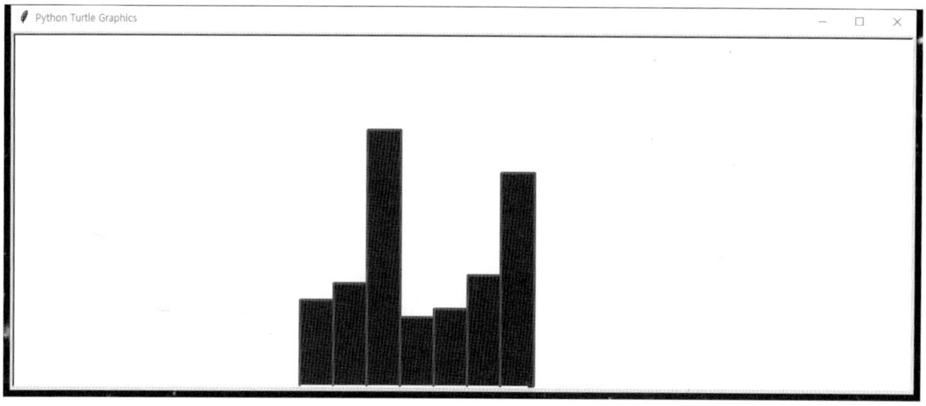

일단 아래의 소스를 입력하여서 실행해본다.

```
import turtle

def drawBarChart(t, value):
    t.begin_fill()
    t.left(90)
    t.forward(value)
    t.right(90)
    t.forward(40)
    t.right(90)
    t.forward(value)
    t.left(90)
    t.end_fill()

data = [100, 120, 300, 80, 90, 130, 250]

t = turtle.Pen()

t.color("red")
t.fillcolor("blue")
t.pensize(3)
```

```
t.up()
t.goto(-200,-200)
t.down()

for d in data:
drawBarChart(t, d)
```

한 줄씩 자세히 살펴보자.

1. 하나의 막대를 그리는 drawBarChart() 함수를 정의한다. 매개변수 t는 터틀 그래픽이고 value가 막대의 높이이다.

```
def drawBarChart(t, value):
    t.begin_fill()
    t.left(90)
    t.forward(value)
    t.right(90)
    t.forward(40)
    t.right(90)
    t.forward(value)
    t.left(90)
    t.end_fill()
```

함수의 내부를 보면 채워진 직사각형을 그리게 된다. t.begin_fill()을 호출하면 속이 채워진 도형이 그려진다. 이것을 끝내려면 t.end_fill()을 호출한다.

2. 막대 그래프의 데이터를 저장하고 있는 리스트를 정의한다.

```
data = [100, 120, 300, 80, 90, 130, 250]
```

3. 터틀 그래픽을 초기화한다.

```
t = turtle.Pen()
t.color("red")
t.fillcolor("blue")
t.pensize(3)
t.up()
t.goto(-200,-200)
t.down()
```

경계선의 색상은 빨강색으로 하고 채우기 색상을 파랑색으로 한다. 펜의 두께는 3으로 한다.

4. 반복문을 사용하여 리스트에 있는 모든 값을 꺼내서 값에 비례하는 막대를 그린다.

```
for d in data:
drawBarChart(t, d)
```

<table><tr><td>실전
예제</td><td>

성적 처리 프로그램

</td></tr></table>

학생들의 성적을 처리하는 프로그램을 완성시켜보자. 사용자로부터 성적을 입력받아서 리스트에 저장한다. 성적의 평균을 구하고 80점 이상 성적을 받은 학생의 숫자를 계산하여 출력해보자.

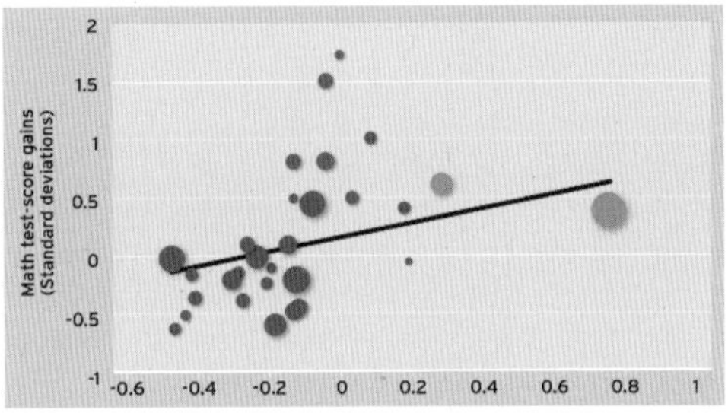


```
성적을 입력하시요: 10
성적을 입력하시요: 20
성적을 입력하시요: 60
성적을 입력하시요: 70
성적을 입력하시요: 80
성적 평균은 48.0 입니다.
80점 이상 성적을 받은 학생은 1 명입니다.
```

Solution

```
STUDENTS = 5

scores = []
scoreSum = 0

for i in range(STUDENTS):
    value = int(input("성적을 입력하시요: "))
    scores.append(value)
    scoreSum += value

scoreAvg = scoreSum / len(scores)

highScoreStudents = 0
```

```
for i in range(len(scores)):
    if scores[i] >= 80:
        highScoreStudents += 1

print("성적 평균은", scoreAvg, "입니다.")
print("80점 이상 성적을 받은 학생은", highScoreStudents, "명입니다.")
```

실전 예제

버블 정렬

성적이 저장된 리스트가 있다고 하자. 이 리스트를 성적순으로 정렬하고자 한다. 어떻게 해야 할까? 정렬이란 가장 작은 숫자부터 큰 숫자순으로 표시하는 것이다. 만약 항목이 문자열일 경우에는 알파벳 순으로 표시한다. 리스트를 정렬하는 데는 여러 가지 방법이 있으며 버블 정렬은 가장 간단한 알고리즘 중 하나이다. 이 실습에서는 버블 정렬에 대해 배우고 이러한 종류의 정렬을 수행하는 파이썬 프로그램을 작성한다.

다음과 같이 90, 10, 23, 17, 56, 39가 저장된 리스트가 있다고 하자.

```
import turtle

data = [90, 10, 23, 17, 56, 39]

def bubbleSort(alist):
    for p in range(len(alist)-1):
        for i in range(len(alist)-1):
            if alist[i]>alist[i+1]:
                temp = alist[i]
                alist[i] = alist[i+1]
                alist[i+1] = temp

bubbleSort(data)
print(data)
```

```
[10, 17, 23, 39, 56, 90]
```

실전
예제

버블 정렬(그래픽 버전)

```
import turtle

data = [90, 10, 23, 17, 56, 39]

def drawBarChart(t, value):
    t.begin_fill()
    t.left(90)
    t.forward(value)
    t.right(90)
    t.forward(40)
    t.right(90)
    t.forward(value)
    t.left(90)
    t.end_fill()

def bubbleSort(alist):
    for p in range(len(alist)-1):
        for i in range(len(alist)-1):
            if alist[i]>alist[i+1]:
                temp = alist[i]
                alist[i] = alist[i+1]
                alist[i+1] = temp
        t.clear()
        t.goto(0,0)
        t.speed(0);
        for d in alist:
            drawBarChart(t, d)

t = turtle.Turtle()
t.color("red")
t.fillcolor("blue")
t.pensize(3)
bubbleSort(data)
print(data)
```

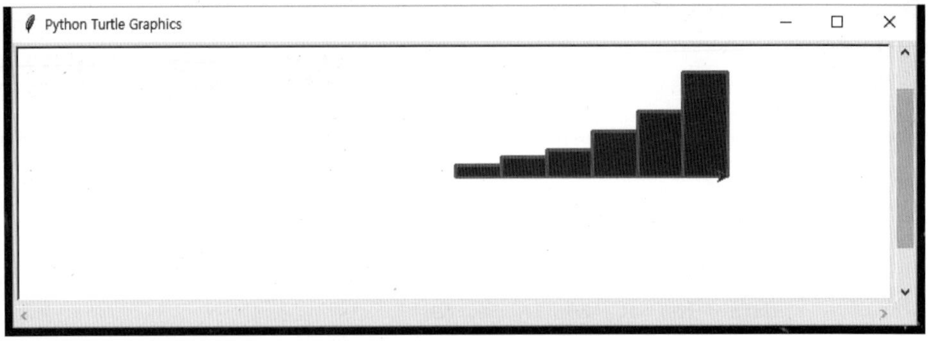
Python Turtle Graphics

실전 예제

이진 탐색

앞에서 살펴본 선형 탐색은 상당히 시간이 많이 걸리는 탐색 방법이다. 이진 탐색(binary search)은 아주 속도가 빠른 탐색 기법이다. 대신에 탐색하려는 리스트가 정렬이 되어 있어야 한다.

이진 탐색은 배열의 중앙에 있는 값을 탐색값과 비교한다. 만약 일치하면 탐색값을 찾은 것이므로 성공이다. 만약 탐색값이 중앙 요소의 값보다 작으면 우리가 찾고자 하는 값은 배열의 전반부에 있을 것이다. 따라서 배열의 후반부는 탐색의 범위에서 제외할 수 있다. 반대로 만약 탐색값이 중앙 요소의 값보다 크면 우리가 찾고자 하는 값은 배열의 후반부에 있을 것이다. 따라서 배열의 전반부는 탐색의 범위에서 제외할 수 있다. 이러한 기법을 남아 있는 숫자들에 대하여 반복적으로 적용한다. 이진 탐색에서는 한 번 비교할 때마다 탐색의 범위가 절반으로 줄어든다.

```
def binarySearch(alist, item):
    first = 0
    last = len(alist)-1
    found = False

    while first<=last and not found:
        midpoint = (first + last)//2
        if alist[midpoint] == item:
            found = True
        else:
            if item < alist[midpoint]:
                last = midpoint-1
        else:
            first = midpoint+1

    return found

alist = [1, 3, 5, 6, 7, 9, 11, 20, 30, 56]
value = int(input("탐색하고자 하는 값은?"))
print(binarySearch(alist, value))
```

```
탐색하고자 하는 값은?30
True
```

CHAPTER

09

PYTHON WORKBOOK

멀티미디어 처리

이번 장에서는 다음과 같은 내용을 학습합니다.

▶ 텍스트가 컴퓨터 안에서 표현되는 방법에 대하여 알아본다.

▶ 이미지가 컴퓨터 안에서 표현되는 방법에 대하여 알아본다.

학습목차

Section 01

이번 장에서 학습할 내용

이번 장에서는 멀티미디어에 관한 몇 가지 프로그램을 작성해본다.

1. 런길이 엔코딩을 구현해보자.

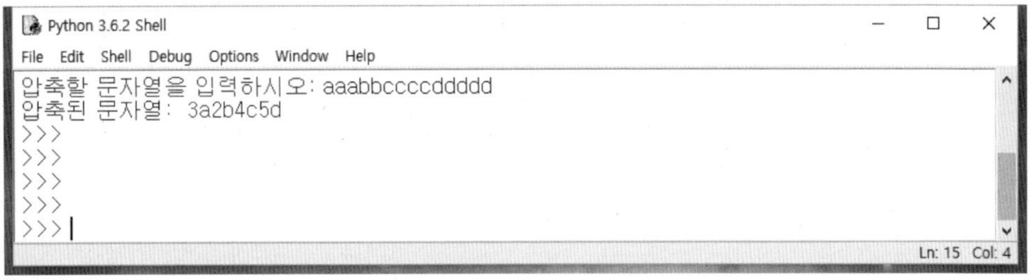

2. 간단한 영상 처리 프로그램을 작성해보자.

02 런길이 엔코딩

런길이 엔코딩(run-length encoding, RLE)은 가장 간단한 방식의 압축 기법으로 같은 값이 연속해서 나타나면, 반복되는 횟수와 값만을 저장하여서 정보량을 줄이는 방식이다. 동일한 데이터가 연속되어 있는 것이 하나의 런(run)이라고 한다. 이 방법은 아이콘, 클립아트, 애니메이션과 같이 배경의 변화가 없고 연속된 값이 많이 있는 간단한 그래픽 이미지에 효과적이다. 예를 들어 흰색 배경에 검정색 텍스트가 있는 이미지를 생각해보자. 검정색 픽셀을 B로 나타내고 흰색 픽셀을 W로 나타낸다면 이미지의 한 줄은 다음과 같이 표현할 수 있다.

```
WWWWWWWBWWWWWWWWWWBBBWWWWWWBWWWWWWWWWWWWWWW
```

위의 줄에 런길이 엔코딩을 적용하면 다음과 같이 압축할 수 있다.

```
6W1B8W3B6W1B14W
```

이것은 6개의 W, 1개의 B, 8개의 W, 3개의 B와 같이 해석할 수 있다. 런길이 엔코딩은 비손실 압축 방법이다. 즉 압축한다고 해서 정보가 손실되지 않는다.

사용자로부터 문자열을 받아서 런길이 엔코딩을 하여 출력하는 간단한 응용 프로그램을 작성해보자.

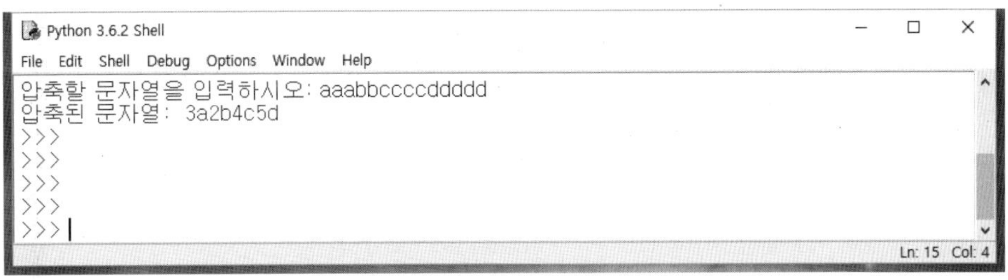

일단 아래 소스를 입력하여서 실행하여 보자.

```
def runlength(s):
    result = ""
    size = len(s)
    last = s[0]
```

```
    count = 1
    i = 1
    while i < size:
        if s[i] == s[i - 1]:
            count = count + 1
        else:
            result = result + str(count) + s[i - 1]
            count = 1
        i = i + 1
    result = result + str(count) + s[i - 1]
    return result

s = input("압축할 문자열을 입력하시오: ")
output = runlength(s)
print("압축된 문자열: ", output)
```

한 줄씩 자세히 분석하여 보자.

1. 문자열 s를 받아서 런길이 엔코딩을 수행하고 압축된 문자열을 반환하는 함수 runlength()를 작성한다.

```
def runlength(s):
    ...
    ...
```

2. 변수 result는 압축된 문자열을 저장할 변수이다. last 변수는 이전에 나왔던 글자를 저장하고 있다. 초기값은 문자열 s의 첫 번째 글자이다.

```
result = ""
size = len(s)
last = s[0]
count = 1
i = 1
```

3. 아래의 while 루프가 핵심적인 부분이다.

```
while i < size:
    if s[i] == s[i - 1]:
        count = count + 1
    else:
        result = result + str(count) + s[i - 1]
        count = 1
    i = i + 1
```

문자열의 길이만큼 반복한다. 현재 글자의 위치는 변수 i에 저장되어 있다. 먼저 s[i]와 s[i-1]이 같은지를 검사한다. 만약 같다면 반복 횟수를 나타내는 count 변수를 하나 증가시킨다. 같지 않다면 새로운 글자가 시작되는 것이다. 따라서 이전의 결과를 result에 추가한다. 즉 반복횟수와 반복글자를 추가한다. 이어서 count를 1로 초기화한다.

4. 반복 루프가 끝나면 마지막 반복횟수와 반복글자를 result에 추가한다. result를 반환한다.

```
result = result + str(count) + s[i - 1]
return result
```

5. 사용자로부터 압축할 문자열을 받아서 런길이 엔코딩을 하고 결과를 화면에 출력한다.

```
s = input("압축할 문자열을 입력하시오: ")
output = runlength(s)
print("압축된 문자열: ", output)
```

Section

03 파이썬의 외부 라이브러리

파이썬은 방대한 외부 라이브러리를 자랑한다. 파이썬이 단기간에 큰 인기를 얻을 수 있었던 이유도 서드 파티에서 제공하는 엄청난 양의 라이브러리가 있었기 때문이다. 파이썬의 외부 라이브러리 중에서 가장 많이 사용되는 것을 살펴보자.

INSTALLATION, PYTHON

20 Python libraries you can't live without

Requests

가장 유명한 http 라이브러리이다.

Scrapy

웹에서 자료를 모을 때 사용하는 라이브러리

PIL(Python Imaging Library) 또는 필로우(Pillow)

파이썬에서 영상 처리 라이브러리를 찾는다면 누구나 PIL(Python Imaging Library)이라고 할 것이다. 하지만 최근에는 업데이트가 잦지 않다는 단점이 있다. 필로우는 PIL와 호환성을 유지하면서 쉽게 사용할 수 있도록 한 라이브러리이다. 파이썬의 Tkinter 모듈과의 호환성도 가지고 있다. 필로우는

www.pythonware.com/products/pil/에서 다운받을 수 있으나 pip 도구를 사용하면 훨씬 설치가 쉽다.

파이게임(Pygame)

파이썬으로 게임을 제작하기 위한 프레임워크이다. 파이게임(Pygame)은 캔버스와 그래픽 그리기, 다채널 사운드 처리, 클릭 이벤트 처리, 충돌 감지 등의 작업을 지원한다.

넘파이(NumPy)

넘파이는 통계, 선형 대수, 행렬 계산, 금융 운용 등을 포함한 과학 계산과 수학 작업에 많이 사용되는 라이브러리이다. 금융 시장 분석가나 회계 담당자는 넘파이(NumPy)을 사용하면 좋다.

사이파이(SciPy)

거의 완벽한 파이썬 '과학-수학' 기능을 지원한다.

필로우 설치

우리는 필로우(Pillow)를 설치하고 이것을 사용하여 영상 처리 프로그램을 작성해보자. 포토샵처럼 사진을 변형할 수 있는 기능을 구현할 수 있다. 파이썬 패키지를 설치할 때 가장 많이 사용하는 도구가 바로 pip이다. pip는 파이썬 3.5.2를 설치하면 기본적으로 포함된다. 따라서 자신의 컴퓨터에서 명령 프롬프트를 열고 다음과 같이 입력해보자. 파이썬 설치할 때 반드시 PATH를 변경하겠다고 체크했어야 pip를 어디서나 실행할 수 있다.

```
d:\>pip install Pillow
Collecting Pillow
    Downloading Pillow-3.3.0-cp35-cp35m-win32.whl (1.3MB)
        100% |################################| 1.3MB 867kB/s
Installing collected packages: Pillow
Successfully installed Pillow-3.3.0
You are using pip version 8.1.1, however version 8.1.2 is available.
You should consider upgrading via the 'python -m pip install
        --upgrade pip' comm
and.

d:\>
```

성공적으로 설치되었다고 나오고 맨 끝에 pip를 최신 버전으로 업그레이드하라고 나온다. 이것은 무시하여도 된다.

04 필로우 사용하기

필로우 라이브러리를 설치하였으면 올바르게 동작하는지 체크하여야 할 것이다. 필로우는 많은 영상 포맷을 지원한다. BMP, EPS, GIF, IM, JPEG, MSP, PCX, PNG, PPM, TIFF, WebP, ICO, PSD, PDF 등의 형식을 지원한다.

픽셀

디지털 이미지는 픽셀(pixel)로 이루어진다. 픽셀은 그림을 이루는 조그마한 점으로 이 점의 색상을 숫자로 표시한다.

픽셀의 색상은 (R, G, B)로 표시된다. R, G, B는 각각 빛의 3원색을 나타낸다. 0부터 255 사이의 숫자를 사용하여 나타낸다. 예를 들어서 (255, 0, 0)은 빨강색이다. (0, 0, 0)은 검정색이 되고 (255, 255, 255)는 흰색이 된다.

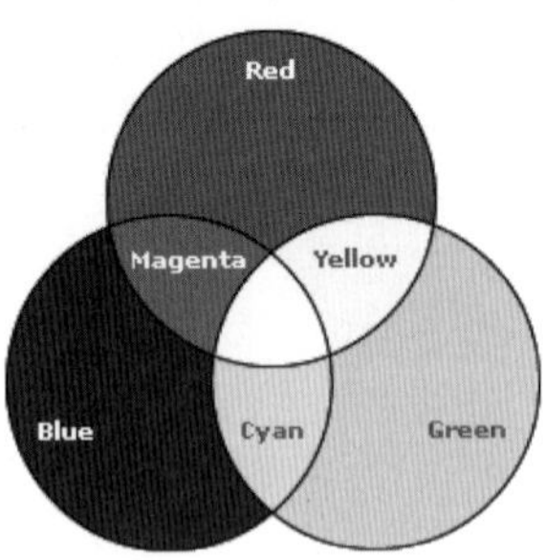

이미지 표시

필로우는 이미지를 열어서 화면에 표시하는 기능을 제공한다. 다음과 같은 소스를 입력하고 실행해보자. 현재 디렉토리에 "lenna.png" 파일이 있어야 한다. lenna.png 이미지는 영상처리에 많이 사용되는 표준적인 이미지이다. 인터넷에서 쉽게 다운로드받을 수 있다.

```
from PIL import Image
im = Image.open("./lenna.png")
im.rotate(45).show()
```

윈도우 10에서는 다음과 같이 이미지가 표시된다. 이미지는 45도 회전되어서 표시된다.

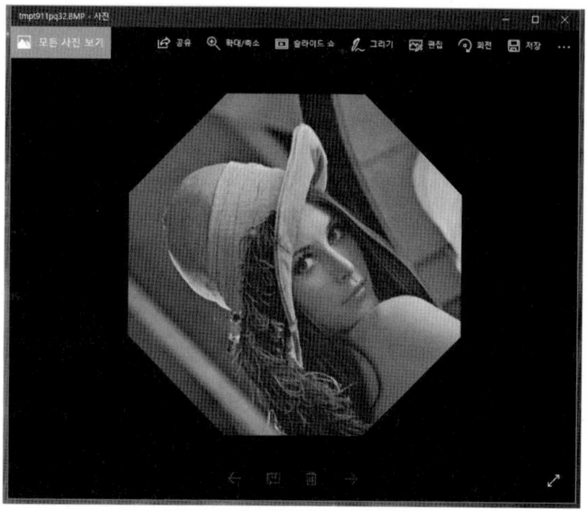

그레이스케일 이미지로 변환하기

앞에서 작성한 함수들을 사용하여서 컬러 이미지를 그레이스케일 이미지로 변환하는 프로그램을 작성해보자. 하드 디스크에 있는 lenna.png 파일을 읽어서 흑백 이미지로 만들어서 저장해보자.

전통적인 그레이스케일 알고리즘은 R, G, B의 평균값을 계산하여서 이 평균값을 R, G, B에 쓰는 것이다. 좀 더 나은 방법은 다음과 같은 공식을 이용하여 변경하는 것이다.

```
gray = (0.299*R+0.587*G+0.114*B)
```

아래 코드에서 grayscale() 함수는 컬러 이미지를 받아서 그레이스케일 이미지로 만든다. 현재 디렉토리에 있는 "lenna.png"를 "output.png" 파일로 변환한다.

```
from PIL import Image

# 컬러 이미지를 그레이스케일 이미지로 변환한다.
def convert_grayscale(image):
    width, height = image.size
    new_image  = Image.new("RGB", (width, height), "white")

    # 그레이스케일로 변환한다.
    for i in range(width):
        for j in range(height):
            pixel = image.getpixel(( i, j))

            # 픽셀의 R, G, B 값을 얻는다. (0에서 255 사이의 값)
            red =   pixel[0]
            green = pixel[1]
            blue =  pixel[2]

            # 공식을 이용하여 그레이스케일 값으로 바꾼다.
            gray = (red * 0.299) + (green * 0.587) + (blue * 0.114)

      # 새로운 이미지에 저장한다.
            new_image.putpixel((i, j), (int(gray), int(gray), int(gray)))
    return new_image

original = Image.open('./lenna.png')
output = convert_grayscale(original)
output.show()
```

한 줄씩 자세히 분석해보자.

1. 컬러 이미지를 그레이스케일 이미지로 변환하는 함수 convert_grayscale()를 정의한다.

```
def convert_grayscale(image):
    ...
    ...
```

2. 그레이스케일 이미지도 컬러 이미지와 크기가 같으므로 동일한 크기로 새로운 이미지를 하나 생성한다.

```
width, height = image.size
new_image  = Image.new("RGB", (width, height), "white")
```

3. 이미지의 크기만큼 반복한다. 즉 이미지의 가로길이만큼 반복하고 그 안에서 이미지의 세로길이만큼 반복한다. 반복하면서 현재 위치 (i, j)의 픽셀값을 꺼내온다.

```
for i in range(width):
    for j in range(height):
        pixel =  image.getpixel((i, j))
```

4. 컬러이미지인 경우에는 하나의 픽셀에 (R, G, B)의 값이 차례대로 저장되어 있다. 이것을 꺼내서 red, green, blue 변수에 저장한다.

```
red =   pixel[0]
green = pixel[1]
blue =  pixel[2]
```

5. 공식을 이용하여 (R, G, B) 값을 그레이스케일 값으로 변환한다.

```
gray = (red * 0.299) + (green * 0.587) + (blue * 0.114)
```

6. 변환된 값을 결과 이미지의 (i, j) 위치에 쓴다.

```
new_image.putpixel((i, j), (int(gray), int(gray), int(gray)))
```

모든 사진 보기
공유
확대/축소
슬라이드 쇼
그리기
편집
회전
저장

CHAPTER

10

PYTHON WORKBOOK

병렬 컴퓨팅

이번 장에서는 다음과 같은 내용을 학습합니다.

- ▶ 영상 처리에서의 병렬 처리의 개념을 살펴본다.
- ▶ 파이 계산에서의 병렬 처리를 살펴본다.
- ▶ 정렬 네트워크를 살펴본다.

Section

01 이번 장에서 학습할 내용

이번 장에서는 병렬 컴퓨팅에 관한 몇 가지 프로그램을 작성해본다.

1. 간단한 영상 처리 프로그램을 작성해보자.

→

2. 파이값을 계산해보자.

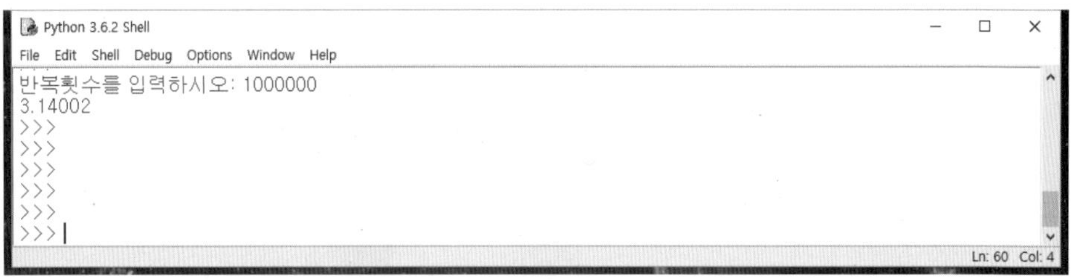

실전
예제

영상 처리

영상 처리도 병렬 처리가 쉬운 문제 중의 하나이다. 영상은 픽셀들이 2차원 형태로 나열되어 있다고 생각할 수 있다. 예를 들어서 모든 픽셀의 값에 어떤 함수를 적용시킨다고 하자. 구체적으로 모든 픽셀의 값에 100씩 더하여 픽셀의 밝기를 증가시킨다고 하자. 함수는 각 픽셀에서 계산된다. 각 픽셀의 계산은 다른 픽셀과는 독립적이다. 또 영상 처리 문제는 계산 집약적인 문제이다.

→

이 프로그램은 앞장에서 설치한 pillow 라이브러리를 사용한다. 만약 설치하지 않았다면 설치하도록 하자.

```
from PIL import Image

def brighten(image):
    width, height = image.size
    new_image = Image.new("RGB", (width, height), "white")

    for i in range(width):
        for j in range(height):
            pixel = image.getpixel((i, j))

            # 픽셀의 R, G, B 값을 얻는다. (0에서 255 사이의 값)
            red = pixel[0]
            green = pixel[1]
            blue = pixel[2]
```

```
            # 새로운 이미지에 저장한다.
            new_image.putpixel((i, j), (red+100, green+100, blue+100))
        return new_image

original = Image.open('./lenna.png')
output = brighten(original)
output.show()
```

코드에 대한 설명은 앞장을 참고하면 될 거 같다. 달라지는 것은 다음 문장뿐이다.

```
new_image.putpixel((i, j), (red+100, green+100, blue+100))
```

(i, j) 위치의 (R, G, B) 값에 각각 100을 더해서 새로운 이미지에 저장한다. 따라서 이미지는 더 밝아진다.

영상처리를 어떻게 병렬 처리할 수 있을까? 전체 이미지를 왼쪽과 오른쪽 2개로 나누어서 처리해보자. 어떤 순서로 처리하더라도 전체 결과는 동일하다.

```
from PIL import Image
import math

def brighten(image):
    width, height = image.size
    new_image = Image.new("RGB", (width, height), "white")

    # 이미지의 왼쪽 절반 처리
    for i in range(0, math.floor(width/2)):
        for j in range(height):
            pixel = image.getpixel((i, j))

            # 픽셀의 R, G, B 값을 얻는다. (0에서 255 사이의 값)
            red = pixel[0]
            green = pixel[1]
            blue = pixel[2]

            # 새로운 이미지에 저장한다.
            new_image.putpixel((i, j), (red+100, green+100, blue+100))

    # 이미지의 오른쪽 절반 처리
    for i in range(math.floor(width/2), width):
        for j in range(height):
            pixel = image.getpixel((i, j))
```

```
            # 픽셀의 R, G, B 값을 얻는다. (0에서 255 사이의 값)
            red = pixel[0]
            green = pixel[1]
            blue = pixel[2]

            # 새로운 이미지에 저장한다.
            new_image.putpixel((i, j), (red+100, green+100, blue+100))
        return new_image

original = Image.open('./lenna.png')
output = brighten(original)
output.show()
```

여기서 math.floor(width/2)은 width를 2로 나누어서 소수점 이하를 버리는 연산이다.

Lab

파이 계산

난수를 수학 문제를 해결하는데 사용하는 것을 Monte Carlo 방법이라고 한다. 대표적인 예가 원주율 파이를 계산하는데 난수를 사용하는 것이다. 기초 기하학에서 우리는 다음과 같은 사실을 알고 있다.

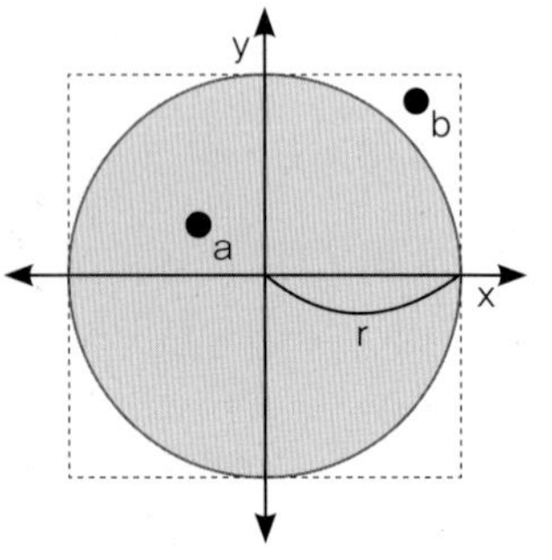

$$\frac{\text{원의 면적}}{\text{사각형의 면적}} = \frac{\pi r^2}{(2 \times r)^2} = \frac{\pi}{4}$$

Monte Carlo 방법은 사각형 안에 랜덤하게 점들을 선택하여서 얼마나 많은 점이 원안에 떨어지는지를 계산한다. 전체 점들 중에서 원안에 떨어지는 점들의 비율을 알면 우리는 π/4의 값을 계산할 수 있다. 이것을 이용하여서 파이의 값을 계산하는 프로그램을 작성하라.

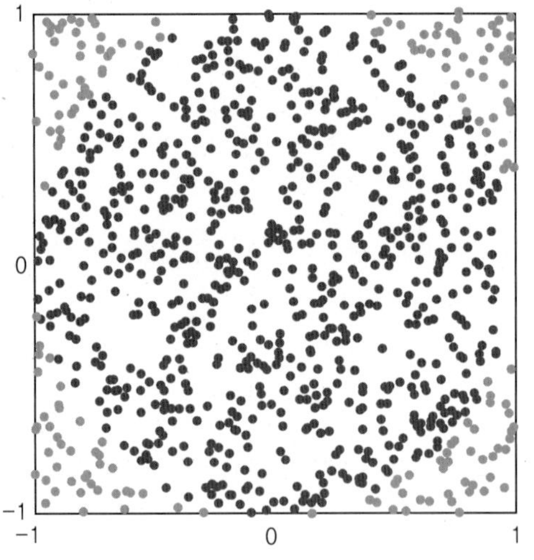


```
반복횟수를 입력하시오: 1000000
3.142588
```

Solution

파이 계산

cal_pi.py

```
from random import *
from math import sqrt

n = int(input("반복횟수를 입력하시오: "))        # n은 전체 점의 개수이다.

inside=0
for i in range(0, n):
    x=random()                # random()은 0.0에서 1.0 사이의 난수를 반환한다.
    y=random()
    if sqrt(x*x+y*y)<=1:      # 원점으로부터의 거리가 1.0이하이면 원안에 있는 점이다.
        inside+=1
pi=4*inside/n
print( pi)
```

우리는 전체 원을 생각할 필요가 없다. 원은 대칭이기 때문에 사분원만 있으면 된다. 원의 반지름은 1.0이라고 하자.

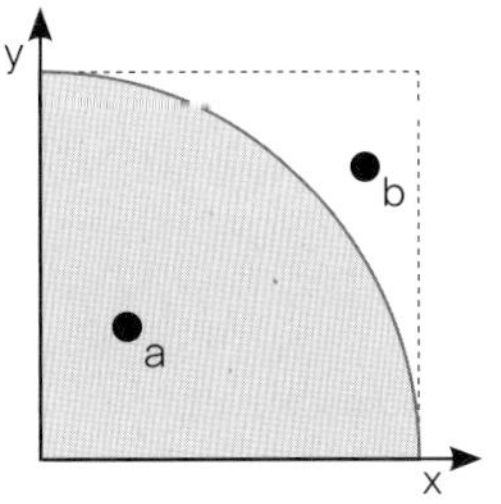

0.0 부터 1.0 사이의 난수를 발생하여서 이 난수가 원 안에 떨어지면 inside 변수를 하나 증가한다. 원 안에 떨어졌다는 것은 원점으로부터 거리가 1.0 이하이어야 한다. (즉 원의 반지름 안에 있어야 한다.) 전체 점(n)들 중에서 원안에 있는 점(inside)들의 비율 inside/n을 계산하면 이것이 π/4이므로 π값은 4*inside/n이 된다.

실전 예제

정렬 네트워크

병렬 처리가 반드시 필요한 분야 중의 하나가 정렬 알고리즘이다. 정렬(sorting)은 물건을 크기순으로 **오름차순**(ascending order)이나 **내림차순**(descending order)으로 나열하는 것을 의미한다. 예를 들어 책들은 제목순이나 저자순, 또는 발간연도 순으로 정렬이 가능하다. 택배 배달원도 거리 순으로 택배를 정렬하여서 배달 거리를 단축할 수 있다. 학교에서 교수님들도 학생들의 시험 점수를 높은 점수에서 낮은 점수 순으로 정렬하여서 학점을 매긴다. 돌탑을 만들 때도 가장 큰 돌을 아래에 놓고 가장 가벼운 돌을 위에 놓아야 한다.

정렬은 컴퓨터 분야에서 아주 중요한 알고리즘이고 데이터가 많으면 상당한 시간이 걸리므로 정렬에 병렬 처리를 적용하는 것은 아주 좋은 생각이다. 어떻게 병렬 처리를 이용하여 정렬에 걸리는 시간을 단축할 수 있을까? 정렬 네트워크(sorting network)라는 방법이 있다. 정렬 네트워크는 간단한 프로세서를 많이 사용한다.

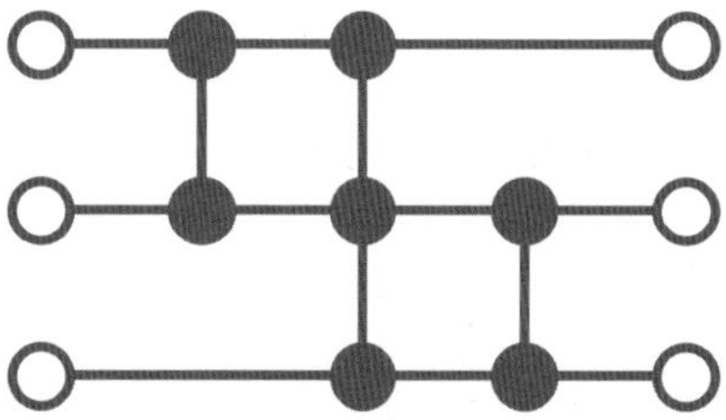

```
array = [ 3, 2, 1 ]

def compare_swap(array, a, b):
    if array[a] > array[b]:
        (array[a], array[b]) = (array[b], array[a])

compare_swap(array, 0, 1)
compare_swap(array, 0, 2)
compare_swap(array, 1, 2)
print(array)
```

CHAPTER

11

PYTHON WORKBOOK

인공지능

이번 장에서는 다음과 같은 내용을 학습합니다.

▶ 인공지능에서 탐색의 개념을 설명한다.

▶ 딥러닝의 토대가 되었던 퍼셉트론을 살펴본다.

학습목차

01 이번 장에서 학습할 내용

02 Tic Tac Toe 게임 작성하기

03 퍼셉트론 구현하기

Section

01 이번 장에서 학습할 내용

이번 장에서는 인공지능에 관한 몇 가지 프로그램을 작성해본다.

1. 인간과 컴퓨터가 대결하는 Tic-Tac-Toe 게임을 작성해본다.

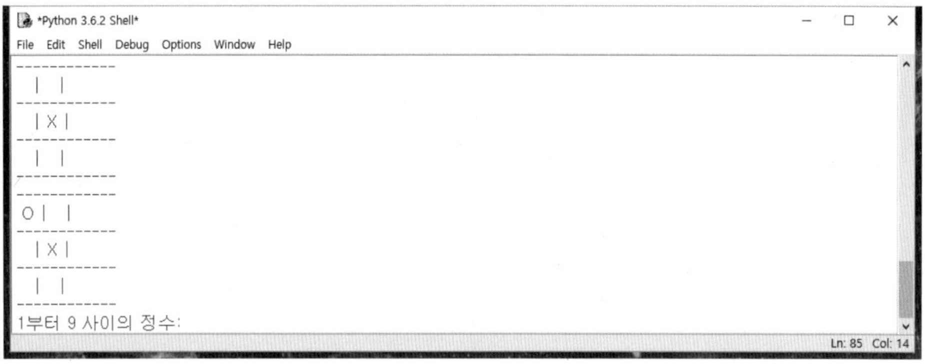

2. 퍼셉트론을 구현해보자.

02 Tic Tac Toe 게임 작성하기

이번 장에서는 인공 지능 기법 중에서 탐색을 사용하는 Tic-Tac-Toe 게임에 대해 설명한다. 인공 지능은 게임에서 지능적으로 상대방의 움직임에 반응 할 수 있는 컴퓨터 프로그램이다. Tic-Tac-Toe 게임은 인공 지능 중에서도 가장 초보적인 기법만을 사용한다. Tic-Tac-Toe 게임은 게임 보드에서 몇 가지의 탐색을 수행하는 수십 줄로 이루어진 프로그램일 뿐이다. 하지만 이 탐색이라는 기법은 모든 보드 게임에서 최적의 수를 찾는 가장 기본적인 기법이면서 중요하다. 보드 게임이 복잡해지면 너무 시간이 많이 걸려서 못하는 것뿐이다.

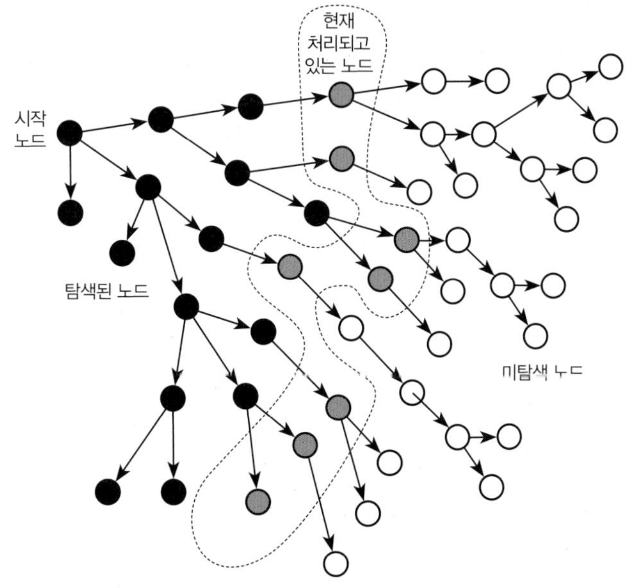

Tic-Tac-Toe 게임은 우리나라의 오목과 유사한 외국의 게임이다. 유아들을 위한 게임으로 잘 알려져 있다. Tic-Tac-Toe는 3 × 3 칸을 가지는 게임판을 만들고, 경기자 2명이 동그라미 심볼(O)와 가위표 심볼(X)을 고른다. 경기자는 번갈아 가며 게임판에 동그라미나 가위표를 놓는다. 가로, 세로, 대

각선으로 동일한 심볼을 먼저 만드는 사람이 승리한다. 우리는 이번 장에서 Tic-Tac-Toe 게임을 할 수 있는 프로그램을 작성하여 보자.

프로그램의 샘플 실행을 살펴 보자. 플레이어는 이동하려는 공간의 번호를 입력하여 이동한다. 3×3칸의 번호는 1부터 9까지의 번호를 사용한다.

```
Tic Tac Toe 게임에 오신 것을 환영합니다.
------------
  |   |
------------
  |   |
------------
  |   |
------------
1부터 9 사이의 정수: 5
------------
  |   |
------------
  | X |
------------
  |   |
------------
------------
O |   |
------------
  | X |
------------
  |   |
------------
1부터 9 사이의 정수: 8
------------
O |   |
------------
  | X |
------------
  | X |
------------
...
```

알고리즘 설계

우리는 여기서 컴퓨팅 사고의 여러 가지 기법들을 사용하여야 한다. 즉 큰 문제를 작은 문제로 분해하고 각각을 함수로 작성해보자. 그리고 게임에 불필요한 사항을 과감히 제거하도록 하자. Tic-Tac- Toe 게임의 간략한 순서도를 작성해보자. Tic-Tac-Toe 프로그램에서 인간은 O라고 가정한다. 인간이 먼저 둔 후에 컴퓨터가 대응하는 것으로 하자. 이것은 나중에 여러분들이 보다 유연하게 수정해본다. 이후에는 인간과 컴퓨터가 교대로 둔다.

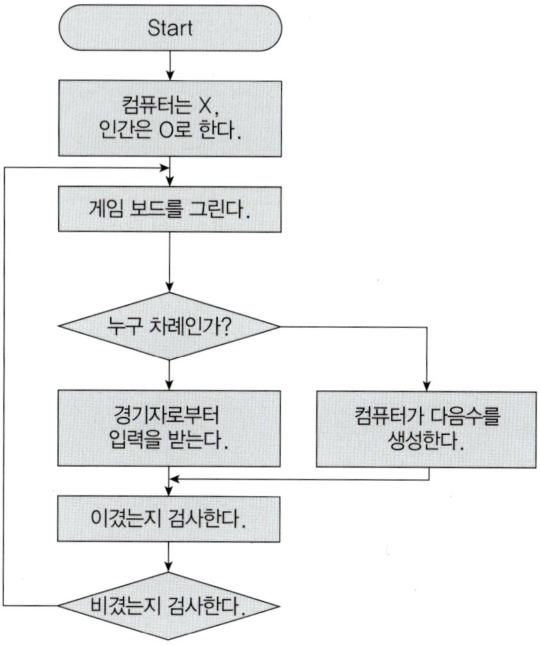

게임 보드를 어떻게 표현할까?

여기서 우리는 중요한 문제를 해결하여야 한다. 먼저 프로그램에서 게임 보드를 데이터로 표현하는 방법을 알아내야 한다. Tic-Tac-Toe 보드는 9개의 빈칸을 가지는 사각형으로 그려진다. 여기서 중요한 것은 9개의 빈칸이다. 9개의 빈칸은 2차원적으로 배열되어 있으므로 프로그램에서도 2차원 리스트로 나타내는 것이 자연스럽다. 하지만 리스트가 2차원이 되면 프로그램이 복잡해진다. 따라서 1차원 리스트를 이용하여 보드를 나타내기로 하자. 어차피 보드의 빈 칸이 9개뿐이므로 가능하다. 게임 보드의 빈칸에는 다음과 같이 번호를 매긴다.

1	2	3
4	5	6
7	8	9

빈칸에는 'X'이나 'O', 또는 ' ' 문자열이 저장될 수 있다고 가정하자. 예를 들어서

다음과 같이 보드가 있을 수 있다.

' '	'X'	' '
' '	'X'	'O'
' '	'O'	' '

위의 보드를 프로그램에서 문자열의 리스트로 표현하면 다음과 같다.

```
board = [ ' ', 'X', ' ', ' ', 'X', 'O', ' ', 'O', ' ' ]
```

게임 보드 출력하기

제일 기본적인 부분이 현재의 게임 보드를 출력하는 부분이다. 이것은 draw_board()라고 하는 함수로 만들어보자.

```
def draw_board(board):
    print('------------')
    print(' ' + board[1] + ' | ' + board[2] + ' | ' + board[3])
    print('------------')
    print(' ' + board[4] + ' | ' + board[5] + ' | ' + board[6])
    print('------------')
    print(' ' + board[7] + ' | ' + board[8] + ' | ' + board[9])
    print('------------')
```

이겼는지 검사하기

이 부분도 함수로 작성하자. 'X'와 'O'에 대하여 동일하게 검사해야 하므로 함수의 매개변수를 이용하여 하나의 함수로 양쪽을 다 검사할 수 있도록 한다.

```
def check_for_win(b, p):
    if ((b[1] == p and b[2] == p and b[3] == p) or
    (b[4] == p and b[5] == p and b[6] == p) or
    (b[7] == p and b[8] == p and b[9] == p) or
    (b[1] == p and b[4] == p and b[7] == p) or
    (b[2] == p and b[5] == p and b[8] == p) or
    (b[3] == p and b[6] == p and b[9] == p) or
    (b[3] == p and b[5] == p and b[7] == p) or
    (b[1] == p and b[5] == p and b[9] == p)) :
        return True
    else:
        return False
```

Tic-Tac-Toe에서 이길 수 있는 여덟 가지 방법이 있다. 상단, 중간 및 하단 행에 일직선이 있을 수 있습니다. 또는 왼쪽, 중산 오른쪽 열을 따라서 일직선을 가질 수 있다. 두 대각선 중 하나에 일직선을 가질 수 있다.

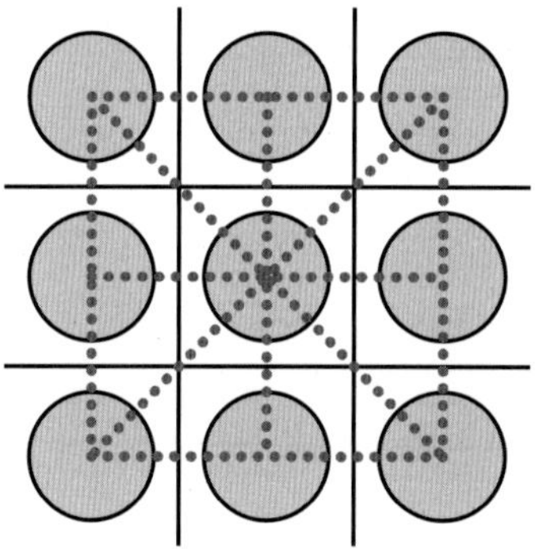

칸이 비었는지를 검사

경기자가 한 수를 두면 그 칸에 비었는지를 검사하는 함수도 필요하다.

```
def is_free(board, loc):
    return board[loc] == ' '
```

경기자로부터 입력받기

경기자로부터 다음 수를 입력받는다.

```
def get_user_move(board):
    loc = int(input('1부터 9 사이의 정수: '))
    return loc
```

경기자로부터 입력받은 수가 1부터 9사이의 정수인지를 검사하는 것이 좋다. 위의 코드에 추가하여 보자. 그리고 사용자가 입력한 위치가 비어 있는지도 검사해보자.

컴퓨터 수 결정하기

컴퓨터는 아주 간단한 인공 지능 알고리즘에 따라서 다음 수를 결정한다.

1. 게임을 이길 수 있는 수가 있는지 확인한다. 이길 수 있는 수가 있으면 그 수를 둔다.
2. 사용자가 게임을 이길 수 있는 움직임이 있는지 확인한다. 만약 그런 수가 있을 경우 컴퓨터가 사용자가 이기는 것을 차단하여야 한다.

3. 모서리 공간이 비어 있는지 확인한다. 모서리 공간이 비어 있으면 거기에 둔다.
4. 중앙 공간이 비어 있는지를 확인한다. 그렇다면 거기에 둔다.
5. 측면 공간 중 하나에 둔다.

무엇보다 컴퓨터가 다음 단계에서 이길 수 있다면 컴퓨터는 그 자리에 두어야 한다. 위의 코드에서 for 루프는 1에서 9까지 가능한 모든 이동을 반복한다.

```
for i in range(1, 10):
    if is_free(board, i):
        board[i] = 'O'
        if check_for_win(board, 'O'):
            board[i] = ' '
            return i
        board[i] = ' '
```

사용자가 이기는 것을 방지하여야 한다. 모든 수를 보드에 놓아보고 사용자가 이기는 수가 있다면 이것을 다음 수로 한다.

```
for i in range(1, 10):
    if is_free(board, i):
        board[i] = 'X'
        if check_for_win(board, 'X'):
            board[i] = ' '
            return i
        board[i] = ' '
```

다음 수가 아직도 발견되지 않았다면 알고리즘대로 모서리 공간이 비어 있는지를 확인한다. 이어서 중앙을 확인하고 마지막으로 측면 공간에서 하나를 선택한다.

```
for i in [ 1, 3, 7, 9]:
    if is_free(board, i):
        return i

if is_free(board, 5):
    return 5

for i in [ 2, 4, 6, 8 ]:
    if is_free(board, i):
        return i
```

무승부 검사

보드가 완전히 메꾸어지면 무승부로 판단한다.

```
def check_for_tie(board):
    for i in range(1, 10):
        if is_free(board, i):
            return False
    return True
```

전체 소스

```
import random

def draw_board(board):
    print('------------')
    print(' ' + board[1] + ' | ' + board[2] + ' | ' + board[3])
    print('------------')
    print(' ' + board[4] + ' | ' + board[5] + ' | ' + board[6])
    print('------------')
    print(' ' + board[7] + ' | ' + board[8] + ' | ' + board[9])
    print('------------')

def check_for_win(b, p):
    if ((b[1] == p and b[2] == p and b[3] == p) or
    (b[4] == p and b[5] == p and b[6] == p) or
    (b[7] == p and b[8] == p and b[9] == p) or
    (b[1] == p and b[4] == p and b[7] == p) or
    (b[2] == p and b[5] == p and b[8] == p) or
    (b[3] == p and b[6] == p and b[9] == p) or
    (b[3] == p and b[5] == p and b[7] == p) or
    (b[1] == p and b[5] == p and b[9] == p)) :
        return True
    else:
        return False

def is_free(board, loc):
    return board[loc] == ' '

def get_user_move(board):
    loc = int(input('1부터 9 사이의 정수: '))
    return loc
```

```
def get_computer_move(board):

    for i in range(1, 10):
        if is_free(board, i):
            board[i] = 'O'
            if check_for_win(board, 'O'):
                board[i] = ' '
                return i
            board[i] = ' '

    for i in range(1, 10):
        if is_free(board, i):
            board[i] = 'X'
            if check_for_win(board, 'X'):
                board[i] = ' '
                return i
            board[i] = ' '

    for i in [ 1, 3, 7, 9]:
        if is_free(board, i):
            return i

    if is_free(board, 5):
        return 5

    for i in [ 2, 4, 6, 8 ]:
        if is_free(board, i):
            return i

def check_for_tie(board):
    for i in range(1, 10):
        if is_free(board, i):
            return False
    return True

print('Tic Tac Toe 게임에 오신 것을 환영합니다.')
board = [' ', ' ', ' ', ' ', ' ', ' ', ' ', ' ', ' ', ' ' ]
playing = True
turn = 'X'

while playing:
    draw_board(board)
    if turn == 'X' :
```

```
        loc = get_user_move(board)
        board[loc] = 'X'
    else :
        loc = get_computer_move(board)
        board[loc] = 'O'

    if check_for_win(board, turn):
        draw_board(board)
        print(turn + '승리')
        playing = False
    else:
        if check_for_tie(board):
            draw_board(board)
            print('무승부')
            playing = False
        else:
            if turn == 'X': turn = 'O'
            else : turn ='X'
```

퍼셉트론 구현하기

이 실습에서는 퍼셉트론을 이용하여 OR 개념을 학습시켜보자. 어떤 가중치와 바이어스를 주어야 퍼셉트론이 OR처럼 동작할까? 다음과 같은 출력을 내는 가중치와 바이어스를 생각해보자.

x_1	x_2	y
0	0	0
1	0	1
0	1	1
1	1	1

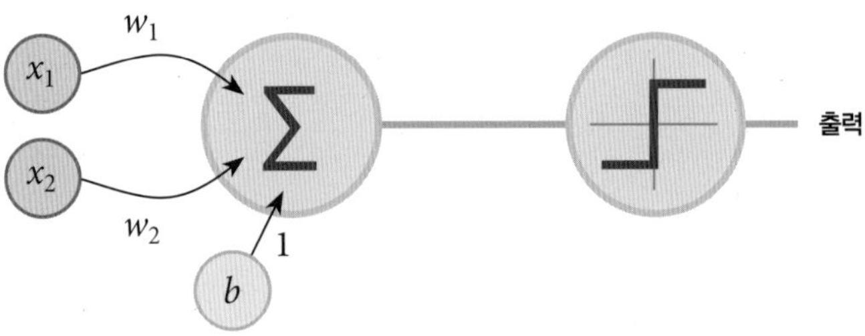

$$y = \begin{cases} 1 & (w_1x_1 + w_2x_2 \geq \mathrm{b}) \\ 0 & (w_1x_1 + w_2x_2 \leq \mathrm{b}) \end{cases}$$

$w_1 = 1, w_2 = 1, b = 0.5$이면 퍼셉트론은 논리적인 OR처럼 동작한다.

```
def calculate(row, weights, bias):
    activation = 0
    for i in range(len(row)-1):
        activation += weights[i] * row[i]
    activation = activation - bias
    if activation >= 0.0: return 1.0
    else: return 0.0
# 테스트 패턴
dataset = [[0.0, 0.0, 0],[0.0, 1.0, 1],
          [1.0, 0.0, 1],[1.0, 1.0, 1]]
bias = 0.5
```

```
weights = [1.0, 1.0]

for row in dataset:
    prediction = calculate(row, weights, bias)
    print("예상값=", row[-1],"실제출력=", prediction)
```

```
예상값= 0 실제출력= 0.0
예상값= 1 실제출력= 1.0
예상값= 1 실제출력= 1.0
예상값= 1 실제출력= 1.0
```

CHAPTER

12

PYTHON WORKBOOK

정보보호

이번 장에서는 다음과 같은 내용을 학습합니다.

▶ 시저 암호 기법을 살펴본다.

학습목차

Section

01 이번 장에서 학습할 내용

이번 장에서는 암호화에 관한 몇 가지 프로그램을 작성해본다.

1. 시저 암호 기법을 사용하여 암호화하는 프로그램을 작성한다.

```
Python 3.6.2 Shell
File Edit Shell Debug Options Window Help
암호화할 메시지를 입력하시오: meet at midnight
키값을 입력하시오: 3
암호화된 메시지는 다음과 같습니다.
phhw dw plgqljkw
>>>
>>>
>>>
Ln: 101 Col: 4
```

2. 시저 암호 기법을 사용하여 복호화하는 프로그램을 작성한다.

```
Python 3.6.2 Shell
File Edit Shell Debug Options Window Help
암호화(e), 복호화(d): d
복호화할 메시지를 입력하시오: phhw dw plgqljkw
키값을 입력하시오: 3
복호화된 메시지는 다음과 같습니다.
meet at midnight
>>>
>>>
Ln: 109 Col: 4
```

02 시저 암호

메시지를 암호화하는 간단한 기법 중의 하나는 줄리어스 시저가 사용한 암호화 기법이다. 이 방법은 평문에 단순히 더하기(즉, 영어의 알파벳을 왼쪽으로 이동하던지 오른쪽으로 이동하는 것)를 하여 암호문을 얻는다. 즉 예를 들어 다음과 같이 변경하여 전송하였다.

평 문	a	b	c	d	e	f	g	h	i	j	k	l	m	n	o	p	q	r	s	t	u	v	w	x	y	z
암호문	D	E	F	G	H	I	J	K	L	M	N	O	P	Q	R	S	T	U	V	W	X	Y	Z	A	B	C

여기서는 시저 암호를 파이썬을 이용하여 구현해보자. 문제를 간단하게 하기 위하여 메시지는 모두 소문자로만 되어 있다고 가정하자.

```
암호화할 메시지를 입력하시오: meet at midnight
키값을 입력하시오: 3
암호화된 메시지는 다음과 같습니다.
phhw dw plgqljkw
```

이번 장의 프로그램은 영어로 된 메시지를 암호문으로 변환한다. 암호문을 일반 영어로 다시 변환할 수도 있다. 이 프로그램은 텍스트를 조작하여 암호문으로 변환하기 때문에 파이썬에서 문자열 조작을 위한 몇 가지 함수들을 알아야 한다.

03 암호화

암호화란 일반적인 메시지를 암호문으로 변환하는 기술이다. 예전부터 사람들은 메시지를 전달하는 사람을 잡아서 메시지를 읽었을지라도 보낸 사람과 받는 사람만이 읽을 수 있는 암호화 기법을 사용해왔다. 이 장에서 프로그램에서 사용하는 암호화 방법은 시저 암호이다. 암호문에서 우리가 비밀로 하기 원하는 메시지를 평문(plain text)이라고 부른다. 예를 들어서 다음과 같은 것이다.

```
"meet at midnight"
```

평문을 인코딩된 메시지로 변환하는 것을 암호화라고 한다. 암호문은 무작위 문자처럼 보인다. 처음 암호문을 보면 원래의 일반 텍스트가 무엇인지 이해할 수 없다. 예를 들어서 위의 평문은 다음과 같이 변환될 수 있다.

```
phhw dw plgqljkw
```

메시지를 암호화하는 데 사용된 암호 기법에 대해 알고 있으면 암호문을 해독하여 평문을 추출할 수 있다. 많은 암호 기법은 키(key)를 사용한다. 키는 특정 암호를 사용하여 암호문을 해독 할 수 있는 특별한 값이다.

시저 암호

시저 암호에서 키는 1에서 26 사이의 숫자이다. 메시지 암호화에 사용된 키를 아는 경우 우리는 암호문을 해독할 수 있다.

시저 암호는 초기에 발명된 암호 기법중 하나이다. 이 암호에서는 메시지의 각 문자를 가져 와서 다른 문자로 암호화한다. 예를 들어서 문자 A를 세 칸 이동하면 문자 D가 된다. 다음 그림을 참고하자.

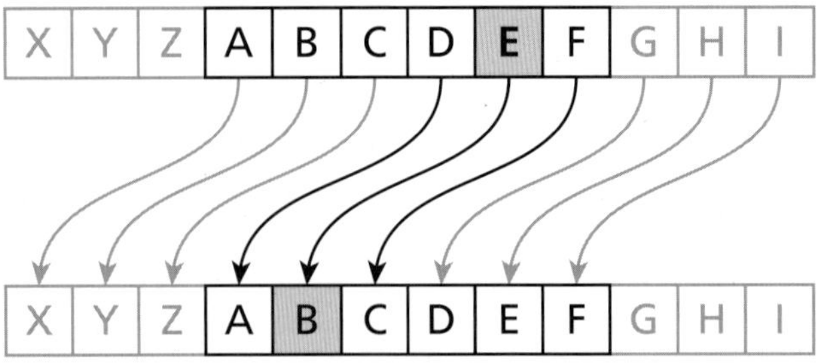

시저 암호에서는 이동한 거리가 키가 된다. 예를 들어서 위의 그림에서 키는 3이 된다.

키 3을 사용하여 일반 텍스트 “hello”를 암호화하면 다음과 같이 된다.

- 문자 “H”는 “k”가 된다.
- 문자 “e”는 “h”가 된다.
- 문자 “l”는 “o”가 된다.
- 문자 “l”는 “o”가 된다.
- 문자 “o”는 “r”이 된다.

알파벳이 아닌 스페이스 문자 ‘ ’는 변환되지 않는다.

문자 코드

파이썬으로 어떻게 글자를 이동시킬 수 있을까? 메시지 안의 각 문자를 숫자로 표시한 다음 이 숫자에서 키값만큼 더하거나 빼서 새로운 숫자를 만들면 된다. 아스키코드는 정보 교환을 위한 미국 표준 코드로서 알파벳의 각 문자를 32와 126 사이의 숫자로 표현한다. 소문자 “a”에서 “z”까지의 아스키 코드는 97에서 122까지이다.

우리가 문자 “a”를 오른쪽으로 3칸 이동하려면 다음과 같이 진행하면 된다.

- ”a”를 아스키코드로 변환한다. 97이 된다.
- 97에 3을 더하여 100을 얻는다.
- 100을 문자로 다시 변환한다. ‘d’가 된다.

파이썬에서는 chr()과 ord() 함수를 사용하면 아스키 코드를 얻을 수 있다. chr() 함수는 정수를 받아서 해당되는 글자를 반환한다. ord() 함수는 글자를 받아서 해당되는 아스키 코드를 반환한다. 파이썬 쉘에서 다음과 같이 실습해보자.

```
>>> ord('a')
97
>>> chr(97)
'a'
```

시저 암호의 전체 소스는 다음과 같다.

```
def encrypt(message, key):
    output = ""
```

```
    for char in message:
        if char.isalpha():
            code = ord(char)
            code += key
            if code > ord('z'):
                code -= 26
            elif code < ord('a'):
                code += 26
            output += chr(code)
        else:
            output += char

    return output

message = input("암호화할 메시지를 입력하시오: ")
key = int(input("키값을 입력하시오: "))

print("암호화된 메시지는 다음과 같습니다.")
print(encrypt(message, key))
```

핵심적인 함수는 encrypt() 함수이다. encrypt() 함수는 암호화를 수행한다. 2개의 매개 변수가 있다.

- message는 암호화될 일반 텍스트이다.
- key는 암호화에서 사용되는 키이다.

output 변수는 암호화된 문자열을 저장한다. 빈 문자열로 시작하고 암호화된 문자들이 끝에 연결된다. message 안의 모든 문자에 대하여 다음과 같이 반복한다.

```
for char in message:
    if char.isalpha():
        code = ord(char)
        code += key
        if code > ord('z'):
            code -= 26
        elif code < ord('a'):
            code += 26
        output += chr(code)
    else:
        output += char
```

먼저 변수 char에 저장된 글자가 알파벳에 속하는 지를 검사한다. isalpha() 함수는 주어진 문자열이 A부터 z사이에 있으면 True를 반환한다. 그렇지 않으면 False를 반환한다. 만약 글자가 알파벳에 속하지 않으면 글자를 이동할 필요가 없다.

ord(char)를 호출하여서 변수 char에 저장된 글자의 아스키 코드를 얻는다. 이 아스키 코드에 key를 더한다. 즉 key만큼을 이동시키는 것이다. 근데 문제가 있다. 만약 (code+key) 값이 'z'를 넘어가게 되면 다시 앞으로 되돌려야 한다. 따라서 code가 'z'의 코드보다 크면 code에서 26을 빼준다. 또 code의 값이 'a'보다 작으면 너무 작아진 것이므로 26을 더해준다. 여기서는 메시지가 모두 소문자로 되어 있다고 가정하였다. 만약 대문자도 처리하려면 해당 코드를 추가하면 된다.

code 값을 올바르게 수정하였으면 이것을 다시 글자로 바꾸면 된다. chr() 함수를 이용하면 코드를 글자로 바꿀 수 있다.

```
output += chr(code)
```

Section 04 복호화

시저 암호에서 암호화된 메시지를 받아서 평문을 찾아내는 것도 아주 간단하다. 사실 앞의 코드를 그대로 사용하면 된다. encrypt(message, key) 함수를 호출할 때 key 값으로 −3을 주면 복호화를 수행할 수 있다.

```
암호화(e), 복호화(d): e
암호화할 메시지를 입력하시오: meet at midnight
키값을 입력하시오: 3
암호화된 메시지는 다음과 같습니다.
phhw dw plgqljkw
```

```
암호화(e), 복호화(d): d
복호화할 메시지를 입력하시오: phhw dw plgqljkw
키값을 입력하시오: 3
복호화된 메시지는 다음과 같습니다.
meet at midnight
```

전체 소스는 다음과 같다.

```
def encrypt(message, key):
    output = ""

    for char in message:
        if char.isalpha():
            code = ord(char)
            code += key
            if code > ord('z'):
                code -= 26
            elif code < ord('a'):
                code += 26
            output += chr(code)
        else:
            output += char

    return output
```

```
mode = input("암호화(e), 복호화(d): ")

if( mode == 'e' ):
    message = input("암호화할 메시지를 입력하시오: ")
    key = int(input("키값을 입력하시오: "))
    print("암호화된 메시지는 다음과 같습니다.")
    print(encrypt(message, key))
else:
    message = input("복호화할 메시지를 입력하시오: ")
    key = int(input("키값을 입력하시오: "))
    print("복호화된 메시지는 다음과 같습니다.")
    print(encrypt(message, -key))
```

05 시저 암호 깨기

시저 암호는 사실 아주 취약한 암호 방법이다. 설사 키값을 모르더라도 순식간에 해독할 수 있다. 어떻게 하면 될까? 간단하다. 모든 키값을 사용해서 해독해보면 된다. 시저 암호에서는 가능한 키값이 26가지뿐이기 때문에 26번 반복하면 된다.

간단한 예를 들어보자. 우리가 시저 암호로 암호화된 다음과 같이 메시지를 받았다. 우리는 키값은 모른다고 하자. 어떻게 복호화할 수 있을까?

```
iusvazgzoutgr znotqotm oy osvuxzgtz.
```

일단 앞의 소스 중에서 encrypt() 함수는 그대로 사용한다. 이 encrypt() 함수를 다음과 같이 키값을 0에서 25까지 증가시키면서 복호화를 시도해보면 된다.

```
for key in range(0, 26):
print(key, encrypt(message, key))
```

전체 소스는 다음과 같다.

```
def encrypt(message, key):
    output = ""

    for char in message:
        if char.isalpha():
            code = ord(char)
            code += key
            if code > ord('z'):
                code -= 26
            elif code < ord('a'):
                code += 26
            output += chr(code)
        else:
            output += char

    return output

mode = input("암호화(e), 복호화(d), 해독하기(c): ")
```

```
if( mode == 'e' ):
    message = input("암호화할 메시지를 입력하시오: ")
    key = int(input("키값을 입력하시오: "))
    print("암호화된 메시지는 다음과 같습니다.")
    print(encrypt(message, key))
elif mode == 'd':
    message = input("복호화할 메시지를 입력하시오: ")
    key = int(input("키값을 입력하시오: "))
    print("복호화된 메시지는 다음과 같습니다.")
    print(encrypt(message, -key))
else:
    message = input("복호화할 메시지를 입력하시오: ")
    for key in range(0, 26):
        print(key, encrypt(message, -key))
```

```
암호화(e), 복호화(d), 해독하기(c): c
복호화할 메시지를 입력하시오: iusvazgzoutgr znotqotm oy osvuxzgtz.
0 iusvazgzoutgr znotqotm oy osvuxzgtz.
1 htruzyfyntsfq ymnspnsl nx nrutwyfsy.
2 gsqtyxexmsrep xlmromrk mw mqtsvxerx.
3 frpsxwdwlrqdo wklqnlqj lv lpsruwdqw.
4 eqorwvcvkqpcn vjkpmkpi ku korqtvcpv.
5 dpnqvubujpobm uijoljoh jt jnqpsubou.
6 computational thinking is important.
7 bnlotszshnmzk sghmjhmf hr hlonqszms.
8 amknsryrgmlyj rfgligle gq gknmprylr.
9 zljmrqxqflkxi qefkhfkd fp fjmloqxkq.
10 ykilqpwpekjwh pdejgejc eo eilknpwjp.
11 xjhkpovodjivg ocdifdib dn dhkjmovio.
12 wigjonuncihuf nbchecha cm cgjilnuhn.
13 vhfinmtmbhgte mabgdbgz bl bfihkmtgm.
14 ugehmlslagfsd lzafcafy ak aehgjlsfl.
15 tfdglkrkzferc kyzebzex zj zdgfikrek.
16 secfkjqjyedqb jxydaydw yi ycfehjqdj.
17 rdbejipixdcpa iwxczxcv xh xbedgipci.
18 qcadihohwcboz hvwbywbu wg wadcfhobh.
19 pbzchgngvbany guvaxvat vf vzcbegnag.
20 oaybgfmfuazmx ftuzwuzs ue uybadfmzf.
21 nzxafeletzylw estyvtyr td txazcelye.
22 mywzedkdsyxkv drsxusxq sc swzybdkxd.
23 lxvydcjcrxwju cqrwtrwp rb rvyxacjwc.
24 kwuxcbibqwvit bpqvsqvo qa quxwzbivb.
25 jvtwbahapvuhs aopurpun pz ptwvyahua.
```

천인국

서울대학교 전자공학과에 입학하여 1983년에 공학사 학위를 취득하였고, 한국과학기술원 대학원에 입학하여 1985년에 전기 및 전자공학과 석사 학위를, 1993년에 박사 학위를 취득하였다. 1985년부터 1988년까지 삼성전자의 종합연구소에서 주임 연구원으로 재직하였고, 1993년부터 현재까지 순천향대학교 컴퓨터공학과 교수로 재직 중이다. 2005년에는 캐나다 UBC에서 방문 교수를 지냈다.

저서로는 「C++ Espresso」(2010, 인피니티북스), 「Power C++」(2010, 인피니티북스), 「Power JAVA 2판」(2012, 인피니티북스), 「HTML5 + CSS3 + JavaScript로 배우는 웹프로그래밍 기초」(2014, 인피니티북스), 「쉽게 풀어쓴 C언어 Express」(2007, 생능출판사), 「어서와 C언어는 처음이지!」(2015, 인피니티북스), 「어서와 Java는 처음이지!」(2015, 인피니티북스), 「어서와 파이썬은 처음이지!」(2016, 인피니티북스) 등이 있다.

문제해결과 컴퓨팅 사고를 위한

파이썬

인 쇄 2020년 3월 18일 초판 5쇄
발 행 2020년 3월 25일 초판 5쇄

저 자 천인국
발 행 인 채희만
출판기획 안성일
마 케 팅 한석범, 임민정, 유동규
관 리 이승희
편 집 한혜인, 최은지
발 행 처 INFINITYBOOKS
주 소 경기도 고양시 일산동구 하늘마을로 158
대방트리플라온 C동 209호

대표전화 02)302-8441
팩 스 02)6085-0777

도서 문의 및 A/S 지원
홈페이지 www.infinitybooks.co.kr
이 메 일 helloworld@infinitybooks.co.kr

I S B N 979-11-85578-33-0
등록번호 제 25100-2013-152 호
판매정가 **12,000원**

본서의 무단복제를 금하며 파본은 교환하여 드립니다.